ADAC
Reiseführer

Französische Atlantikküste

Von Ursula Pagenstecher

EIN
ADAC
BUCH

Inhalt

Auftakt:
Wärme, Wälder, Wein und Meer 6

Geschichte, Kunst, Kultur im Überblick 12

Sehenswürdigkeiten

Poitiers und La Vendée – zwischen Marsch und Meer 18

1 **Poitiers** 18
Futuroscope 22
2 **Puy du Fou** 22
Die Hügel der Vendée 23
3 **Île de Noirmoutier** 24
4 **Île d'Yeu** 27
5 **St-Gilles-Croix-de-Vie** 29
St-Jean-de-Monts 30
6 **Les Sables d'Olonne** 31
Marais d'Olonne 33
7 **Pertuis Breton** 34
8 **Marais Poitevin** 35

Beinahe wie zu Kardinal Richelieus Zeiten präsentiert sich der Vieux Port von La Rochelle, wären da nicht die Segelschiffe, die den modernen Jachthafen verraten

Südlich von Arcachon häuft sich die rund 114 m hohe Dune du Pilat aus feinstem weißem Sand auf. Diese größte Wanderdüne Europas wächst beständig weiter

Charente-Maritime – Wasser und Wein 39

9 La Rochelle 39
10 Île de Ré 44
11 St-Jean-d'Angély und Aulnay 46
12 Île d'Aix 48
13 Rochefort 49
Château La Roche-Courbon 50
14 Brouage 51
15 Marennes 52
16 Île d'Oléron 53
17 Royan 56
Phare de Cordouan 57
La Palmyre 57
18 Meschers-sur-Gironde 58
Ste-Radegonde-de-Talmont 58
19 Saintes 58
20 Cognac 62

Bordeaux und Gironde – im Land der großen Weine 65

21 Bordeaux 65
Nördliche Altstadt 67
Am linken Ufer der Garonne 70
Quartier St-Michel 72
Westliche Altstadt 72
Quartier des Chartrons 73
22 St-Emilion 76
23 Entre-deux-Mers 78
24 Garonne 80
25 Blaye 81
26 Médoc 82
Haut-Médoc 82
Bas-Médoc 85
27 Soulac-sur-Mer 87
Pointe de Grave 87
28 Côte d'Argent 88
29 Bassin d'Arcachon 89
30 Arcachon 92
Dune du Pilat 94

Im Land großer Weine, vom Médoc bis Entre-deux-Mers, fällt die Auswahl schwer

Les Landes – Silberküste und Kiefernwälder 97

31 **Étang de Cazaux et Sanguinet 97**
32 **Biscarrosse 97**
Parentis 98
33 **Mimizan 98**
34 **Parc Naturel Régional des Landes de Gascogne 99**
35 **Étang de Léon 102**
36 **Vieux-Boucau-les-Bains 103**
37 **Hossegor 103**
Capbreton 105
38 **Dax 105**
39 **Labastide-d'Armagnac 107**

Euskal Herria – Land der Basken 109

40 **Bayonne 109**
Grand Bayonne 110
Petit Bayonne 112
41 **Biarritz 112**
42 **St-Jean-de-Luz 116**
Ciboure 118
43 **Hendaye 119**
44 **Labourd 120**
45 **Cambo-les-Bains 121**
46 **St-Jean-Pied-de-Port 122**

Karten und Pläne

Französische Atlantikküste – Norden vordere Umschlagklappe
Französische Atlantikküste – Süden hintere Umschlagklappe
Poitiers 21
La Rochelle 40
Île d'Oléron 55
Saintes 59
Bordeaux 66/67
Dax 106
Bayonne 110
Biarritz 112

Register 140
Bildnachweis 142
Impressum 144

Als Sommerpalast für seine Frau Eugénie ließ Napoleon III. 1854 das heutige Hôtel du Palais in Biarritz bauen – mit dem Grundriss in Form des Buchstabens E

Dies und Das

Löwe und Einhorn zieren das Wappen des Schlosses Château du Cos d'Estournel

Die Vendéekriege 24
Fromme Pilger, frühe Touristen 49
Harte Schale, weicher Kern 52
Kleine Cognac-Kunde 63
Bastiden – die neuen Städte 79
Hitliste der edlen Tropfen 86
La Pinhada – der Kiefernwald 101
Gewagte Sprünge, elegante Pirouetten 104
Euskaldunak – die baskisch sprechen 113
Pelote – Nationalsport der Basken 115
Schlemmerparadies Atlantikküste 129

Französische Atlantikküste aktuell A bis Z

Treffen der Generationen – der Großvater nimmt sich zum Zuhören Zeit

Vor Reiseantritt 125
Allgemeine Informationen 125
Anreise 126
Bank, Post, Telefon 127
Einkaufen 127
Essen und Trinken 128
Feste und Feiern 128
Klima und Reisezeit 130
Kultur live 131
Nachtleben 131
Sport 131
Statistik 133
Unterkunft 133
Verkehrsmittel im Land 135

Sprachführer 136

Französische Atlantikküste – Wärme, Wälder, Wein und Meer

Wenn ein Franzose sagt, er fährt an die **Côte de l'Atlantique**, so denkt er dabei nicht an die Küsten der Normandie oder Bretagne, sondern an den sonnenverwöhnten Meeressaum zwischen der Loiremündung bei Nantes und der spanischen Grenze. Er meint die scheinbar endlos langen, hellen Sandstrände, den duftenden Kiefernwald, die verschwiegenen Flussbuchten, die Ferieninseln Ré und Oléron, die Weingüter im Bordelais, er freut sich auf Wellenreiten vor Biarritz oder Baden und Surfen an einem der zahlreichen Binnenseen.

Augenschmaus und Gaumenfreuden

Vielfältige Landschaftstypen und kunsthistorische Schätze bietet die rund 500 km lange Küste dem Besucher. Von Meer und Brandung gezeichnet ist die Landschaft **Vendée** südwestlich von Nantes. Sanft und heiter wirkt die Ferieninsel **Île de Noirmoutier,** auf der seit dem Mittelalter Salz gewonnen wird. Ihre außergewöhnliche Vegetation mit Steineichen und Mimosen, ihre 40 km lange Sandküste und die guten Radwanderwege locken Urlauber. Ausgedehnte Sandstrände mit munterem Badeleben ziehen bei **Les Sables d'Olonne** und **La Tranche-sur-Mer** im Sommer Hunderttausende Menschen an, die Trubel lieben – mit Spiel und Sport, mit Strandvergnügen und abendlicher Disco.

Stille und unberührte Natur erlebt der Besucher auf Bootsfahrten mit den traditionellen, flachen Kähnen der Marschbauern im üppig grünen, von Kanälen durchzogenen **Marais Poitevin**, dem ›atlantischen Spreewald‹. Das südlich anschließende Département **Charente-Maritime** ist ein Landstrich für Genießer: lieblich und leuchtend gelb, im Frühjahr von Rapsfeldern, im Sommer von immens großen Sonnenblumenfeldern. An der Küste gibt es moderne Seebäder und alte Häfen zu entdecken. Heitere, fast mediterrane Atmosphäre strahlt die freundliche Hafenstadt **La Rochelle** aus, deren bewegte Geschichte überall in der Stadt präsent ist, sei es in Form der mächtigen mittelalterlichen Türme, die die Hafeneinfahrt bewachen,

oder in Gestalt des herrlich eleganten Renaissance-Rathauses. Für einen Badeurlaub wählt man die La Rochelle vorgelagerte, zauberhafte **Île de Ré** mit feinen Sandstränden, dahinter liegenden Wäldern, Weinfeldern und einer von Salinen und Austernzucht geprägten Landschaft. Malerische Inseldörfer mit weißen, niedrigen Häuschen wie in St-Martin und Ars-en-Ré laden zum Bummeln ein. Für einen ruhigen Familienbadeurlaub bietet

Oben: *Warum das Marais Poitevin auch Grünes Venedig genannt wird, weiß man spätestens nach einer romantischen Kahnfahrt mit dem Batelier durch die Kanäle*

Unten links: *Wogen, die die Welt bedeuten – vor Biarritz trifft sich die internationale Surfelite. Aber auch wer noch üben muss, findet an diesem Strand seinen Platz*

Unten: *Besonders stimmungsvoll wirken die Kiefernwälder der Landes im letzten Licht der rotgoldenen Abendsonne*

sich die größere **Île d'Oléron** an, deren Sandstrände und pittoreske Häfen wie La Cotinière gern von Einheimischen und Touristen besucht werden. Wer an Frankreichs Geschichte Interesse hat, wird die kleine **Île d'Aix** besuchen, auf der Napoleon I. Bonaparte die letzten Stunden auf französischem Boden verbrachte.

Viele ausgezeichnet erhaltene romanische **Kirchen** und **Klöster**, oft in idyllischer Lage, findet man in den Dörfern auf den Inseln wie auf dem Festland. Bemerkenswerte Zeugnisse romanischer Kunst entdeckt man auch im Landesinneren, etwa die berühmte, überreich mit Skulpturen geschmückte Église St-Pierre von **Aulnay**. Lebendige Spuren der Vergangenheit findet der Gast in der Römerstadt **Saintes**, in der eines der wenigen erhaltenen Amphitheater Westfrankreichs zu besichtigen ist, oder in **Cognac**, der Geburtsstadt des Renaissancekönigs François I. Sein dortiges Schloss spiegelt sich in der gemächlich fließenden Charente, deren Ufer berühmte Weinfelder säumen. Aus den Trauben dieser Gegend destilliert man u.a. Cognac und keltert man spritzige, fruchtige Weine.

Kaum eine Autostunde weiter südlich liegt das berühmteste Weinland der Welt, das **Bordelais**. Hier werden auf der dem Meer zugewandten Halbinsel **Médoc** Spitzenweine produziert, zwischen den Flüssen Dordogne und Garonne die aromatischen Entre-deux-Mers-Weine und südlich der Garonne die süßen, schweren

Sauternes. Kenner und Liebhaber bestaunen die kunstvoll erbauten Châteaux inmitten der Rebstöcke, verkosten mitunter edle Tropfen und denken an den Weinkeller daheim. Kunstinteressierte suchen alte Abteien auf wie La Sauve Majeure, Schlösser wie La Brède oder mittelalterliche Städtchen wie St-Macaire.

Im Zentrum dieser lieblichen, seit der Antike von Weinbau geprägten Landschaft liegt die Provinzhauptstadt **Bordeaux**, deren klassizistisches Zentrum mit Theater, Börse und den herrschaftlichen Stadtpalais der Bordelaiser Weinhändler vornehme Ruhe ausstrahlt. In fast jedem Bistro werden hier frische Austern aus dem nahen **Bassin d'Arcachon** angeboten.

Tatsächlich ist der gesamte Südwesten Frankreichs ein kulinarisches Schlaraffenland. In den küstennahen Orten genießen Gourmets köstliche Fischspezialitäten wie Rochenflügel, Seezunge oder Meerwolf, Meeresfrüchte, Austern, frische Miesmuscheln in vielfältiger Zubereitung, Garnelen, Schnecken und Krebse. Kenner schwärmen von *Foie gras*, der zarten Stopfleber, von Enten- oder Gänsefilet (*Magret*) sowie von dem feinen Ziegen- und Schafskäse.

Atlantik und Sport

Südlich der Gironde rollt **Aquitanien**, der Landstrich zwischen Gironde und Adourmündung, seinen Badegästen einen feinen, weißen **Sandstrand** von über 200 km Länge aus, an dem sich die

Links oben: *Am Strand von Arcachon ist in den Sommermonaten für Jung und Alt von Karussell über Baden und Sonnen bis zu Motorboot fahren einiges geboten*

Links unten: *Die große Festwoche in Dax beginnt jeden August mit dem traditionellen Einzug der Aktiven in die Stierkampfarena*

Oben: *In St-Emilion versammeln sich jeden September die Mitglieder der traditionsreichen Winzerbruderschaft Jurade, um den Beginn der Weinlese festzulegen*

Unten: *Französische Lilien und ein Schiff mit stolz geblähten Segeln zieren das Rathauswappen der Hafenstadt La Rochelle*

Ozeanbrandung bricht und Gischt einen leichten Schleier über den Sand legt. Die Weite von Meer, Strand und Himmel ist Balsam für die Seele. Die frischen Westwinde vom Atlantik blasen auch die letzten Dunstwolken vom Himmel und

seicht abfallenden Sandstrände und die für Fortgeschrittene und Anfänger geeigneten Windsurf-Reviere machen die Binnengewässer bei Familien sehr beliebt. Das elegante Seebad **Arcachon** gehört mit seiner ausgedehnten Uferpromenade, den Jugendstil-Villen im Kiefernwald und dem Casino ebenso wie **Biarritz** zu den Höhepunkten der französischen Atlantikküste.

Unverwechselbares Baskenland

Ab der Adourmündung ändert sich plötzlich das Landschaftsbild: Die romantische, 30 km lange, buchtenreiche Felsküste **Côte Basque** löst die langen Sandstrände ab. Hier liegt das weltberühmte **Biarritz,** das von pompösen Palästen der Belle Époque, englischen Villen und farbenprächtigen Hortensien geprägt ist. Die alte, baskische Fischerstadt **St-Jean-de-Luz** wenige Kilometer südlich ist eines der charmantesten Seebäder der gesamten Atlantikküste mit historischem Ortskern, einer Fußgängern vorbehaltenen Strandpromenade und gemütlichen Fischrestaurants. Zwischen Atlantik und Pyrenäen erstreckt sich das interessante **Land der Basken**. Von seinen grünen, sanft gewellten Hügeln heben sich die gepflegten Gehöfte wie weiße Tupfen ab. Die Basken sprechen eine uralte Sprache, *Euskara*, und sind auch darüber hinaus bemüht, ihre Traditionen zu bewahren. In den malerischen Dörfern spielt die Jugend das Ballspiel *Pelote*, dem Squash nicht unähnlich, auf den Märkten werden baskische Spezialitäten wie der leckere Kuchen *Gateau basque*, die zarten Bayonner Schinken

sorgen für angenehme Temperaturen. Wer gern aktiv ist, kann hier originelle Sportarten betreiben: Wellen reiten, Strand segeln oder Drachen fliegen auf der **Dune du Pilat**, der größten Wanderdüne Europas. Landeinwärts lädt ein duftender Seekiefernwald, das mit 950000 ha größte zusammenhängende Waldgebiet Europas, zum Reiten, Radeln, Wandern oder Picknicken ein. Hinter den Dünen liegen eine ganze Reihe von größeren und kleineren Süßwasserseen wie z. B. der **Étang d'Hourtin-Carcans**. Ihr ruhiges Wasser, in dem Kinder gefahrlos planschen können, die

Links oben: *Dieses rund 2000 Jahre alte Bild der Männlichkeit in Bronze ist im Musée d'Aquitaine in Bordeaux zu sehen*

Links unten: *Um Cognac zu kreieren, muss man den Überblick behalten, denn nur die richtige Mischung aus sorgfältig gelagerten Weinbränden schafft das Aroma*

Rechts: *Inmitten preisgekrönter Weingärten liegt Château du Cos d'Estournel im Médoc*

Unten: *Im Parc du Futuroscope bei Poitiers hat die Zukunft längst begonnen – wie nicht zuletzt ein Blick auf die facettenreiche Wand aus 819 Bildschirmen beweist*

oder die scharfen Piments aus Espelette verkauft. *Le Pays Basque*, das Baskenland am Fuß der Pyrenäen setzt einen farbigen Schlusspunkt unter die so liebenswerte, facettenreiche französische Atlantikküste.

Der Reiseführer

Dieser Band stellt die Urlaubsregion Französische Atlantikküste mit ihren Landschaften und Sehenswürdigkeiten von Nord nach Süd in *fünf Kapiteln* vor. Den Auftakt bildet die reiche Stadt Poitiers, über die man die **Vendée** südlich der Loiremündung erreicht, anschließend wird der **Küstenbereich** von **La Rochelle** bis zur **Girondemündung** beschrieben mit Ausflügen zu lohnenden Zielen im Hinterland. Es folgt ein Kapitel über **Bordeaux**, die Metropole Aquitaniens, und das reizvolle, vom Weinbau geprägte Département **Gironde**. Dann wird der herrliche Küstenstreifen **Côte d'Argent**, die Silberküste, vorgestellt, der nahtlos übergeht ins abwechslungsreiche **Baskenland**. Den Besichtigungspunkten sind **Praktische Hinweise** mit Anschriften von Touristenbüros, Hotels und Restaurants angefügt. **Übersichtskarten** und **Stadtpläne** erleichtern die Orientierung. Auf ausgewählte Hotels, Restaurants und Strände, auf besonders sehenswerte Kirchen und Museen etc. verweisen die **Top Tipps**. Im **Aktuellen Teil** finden sich in alphabetischer Reihenfolge alle nützlichen Informationen für die Reiseplanung und -durchführung. Hinzu kommt ein umfassender **Sprachführer**. Mehrere **Kurzessays** zu speziellen Themen runden den Reiseführer ab.

Geschichte, Kunst, Kultur im Überblick

40 000 – 10 000 v. Chr. Felsbilder, Werkzeug- und Knochenfunde, etwa in den Grottes d'Isturits et d'Oxocelhaya südöstlich von Bayonne, zeugen von der frühen Besiedlung durch Cro-Magnon-Menschen.

1000 – 600 v. Chr. Kelten (Gallier) aus Mitteleuropa erobern das heutige Frankreich bis zur Atlantikküste.

56 v. Chr. Im Auftrag von Gaius Julius Caesar erobert der römische Feldherr Marcus Linicius Crassus das Land von den Pyrenäen bis zur Mündung der Loire. Die südliche Atlantikküste wird Teil der Provinz Aquitania. Aus römischer Zeit sind in dieser Gegend u. a. das Amphitheater und der Germanicus-Bogen in Saintes erhalten.

411 n. Chr. Westgoten wandern von Mitteleuropa nach Spanien, einige lassen sich unterwegs in Aquitanien nieder. Die Christianisierung des Landes beginnt. Zu den ältesten christlichen Baudenkmälern gehört das um 360 erbaute Baptisterium St-Jean in Poitiers.

507 Westgoten und Franken erheben Ansprüche auf Aquitanien, das von den Pyrenäen bis etwa zur Garonne reicht. Nordwestlich von Poitiers schlagen die Franken unter Chlodwig I. das westgotische Heer Alarichs II. vernichtend.

Ende 6. Jh. Vasconen, Vorfahren der Basken, lassen sich am nördlichen Fuß der Pyrenäen nieder. Über die Herkunft dieser mit keiner anderen Volksgruppe verwandten Ethnie gibt es nach wie vor keine gesicherten Erkenntnisse.

7. Jh. Aquitanien untersteht zwar formal dem fränkischen König Dagobert I., entwickelt sich aber de facto zu einem nahezu souveränen Herzogtum.

ab 711 Araber dringen von Spanien aus über Garonne und Dordogne bis zur Loire vor. Der Herzog von Aquitanien erbittet Hilfe gegen die Sarazenen von dem fränkischen Hausmeier Karl Martell.

732 Karl Martell besiegt die Araber in der Schlacht von Tours und Poitiers. Das Herzogtum Aquitanien untersteht fortan wieder dem Fränkischen Reich.

778 In sieben Feldzügen schiebt der fränkische Herrscher Karl der Große die Grenzen seines christlichen Reiches immer weiter ins maurische Spanien vor. Bei einer dieser Aktionen führt Karls Neffe Roland die Nachhut. Sie wird in den Pyrenäen beim Pass von Roncevaux von Basken angegriffen und vollkommen aufgerieben. Das ›Rolandslied‹, erstes Epos der mittelalterlichen Literatur, berichtet davon.

9. Jh. Normannen (Wikinger) dringen mit schnellen, wendigen Langschiffen flussaufwärts, z. B. entlang der Charente und Garonne, tief ins Landesinnere vor. Auf ihren Raubzügen brandschatzen sie Klöster und Städte wie Saintes, Bordeaux oder Dax.

ab 950 Über Südwestfrankreich und die Pyrenäen pilgern jährlich bis zu 500 000 Menschen ins nordwestspanische Santiago de Compostela zum dort entdeckten Grab des Apostels Jakobus. Die Routen, denen die Gläubigen folgen, nennt man ›Jakobswege‹. An ihnen entstehen zur Versorgung der Pilger zahlreiche Kirchen, Klöster und Hospize, z. B. in Aulnay, Soulac oder in St-Jean-Pied-de-Port.

1058 Guillaume VIII., Graf von Poitiers, erlangt zusätzlich die Herrschaft über die Herzogtümer Aquitanien und Gascogne.

11. Jh. In Aquitanien entsteht als Vorläuferin der Minne die Troubadour-Lyrik (bis etwa 13. Jh.). Dabei besingt ein fahrender Musikant, der Troubadour, erstmals in der Landessprache, dem Okzitanischen, seine Liebe zu einer vornehmen, für ihn unerreichbaren Dame.

1137 Aliénor d'Aquitaine, Eleonore, Herzogin von Aquitanien, heiratet den französischen Thronfolger, der als Louis VII. König von Frankreich wird.

1152 Auf Betreiben Aliénors erklärt Papst Eugen III. die Ehe wegen zu naher Blutsverwandtschaft für ungültig. Noch im selben Jahr heiratet die Herzogin Henri Plantagenêt, Herzog der Normandie und der Bretagne, der zugleich Graf von Maine, Touraine und Anjou ist.

1154 Henri Plantagenêt erbt und wird als Henry II. König von England. Dadurch gewinnt die englische Krone sowohl Henrys als auch Aliénors Lände-

Für Gott und Vaterland – Jeanne d'Arc wusste, wofür sie 1429 so tapfer kämpfte

reien, besitzt also nun Westfrankreich von der Normandie bis zu den Pyrenäen.

1154 – 1453 Drei Jahrhunderte lang beeinflusst England Aquitaniens Geschicke. Die großen Hafenstädte La Rochelle und Bordeaux blühen, u. a. durch den Weinhandel, unter englischer Hoheit auf. Gleichzeitig versuchen jedoch die französischen Könige, ihre verlorenen Territorien im Südwesten Frankreichs zurückzugewinnen, die englischen halten ihre Erbansprüche dagegen – beide mit Waffengewalt.

1338 – 1453 Als letzte Phase dieser beständigen Auseinandersetzungen entbrennt der Hundertjährige Krieg, entfacht durch einen Erbstreit. Der französische König Charles IV. stirbt kinderlos und sowohl der englische Regent Edward III. als auch der Franzose Philippe VI. von Valois halten sich für den legitimen Thronfolger.

1356 In der Schlacht von Maupertuis steht das Kriegsglück auf Seiten der Engländer und der gegnerische König Jean le Bon wird gefangengenommen. In der Folge erlebt Frankreich Jahrzehnte der Zerissenheit und des Zerfalls.

1429 Das Blatt wendet sich dank der Lothringerin Jeanne d'Arc. Sie glaubt, in göttlichem Auftrag zu handeln, als sie das französische Heer von Sieg zu Sieg führt und schließlich Charles VII., den französischen Thronanwärter, zur Königskrönung nach Reims bringt.

1453 In der letzten Schlacht des Hundertjährigen Krieges werden die englischen Truppen bei Castillon-la-Bataille an der Dordogne vernichtend geschlagen. Damit fällt Aquitanien endgültig an Frankreich.

1475 Mit dem Frieden von Picquigny endet der Hundertjährige Krieg auch offiziell. Es folgt ein weitgehend friedliches Jahrhundert, in dem Handel, Wirtschaft und Kultur sich von den Kriegsschäden erholen.

1534 Der reformatorische Prediger Johannes Calvin lehrt in Poitiers.

1562 Glaubensstreitigkeiten zwischen französischen Protestanten (Hugenotten) und Katholiken führen zu einer Reihe von grausam ausgetragenen Bürgerkriegen, den Hugenottenkriegen.

1572 Die verfeindeten religiösen Lager soll die Hochzeit des protestantischen Henri von Navarra mit der Königstochter Margarete von Valois versöhnen. Zu diesem Anlass kommen Tausende Hugenotten ins katholische Paris. Angestiftet von Königinmutter Catarina de Medici werden die meisten von ihnen in der ›Bartholomäusnacht‹ vom 23. auf den 24. August erschlagen.

›Pariser Bluthochzeit‹ wird die ›Bartholomäusnacht‹ von 1572 auch genannt

1589 Obwohl Protestant, erbt Henri von Navarra als Henri IV. den französischen Königsthron. Aus politischen Erwägungen konvertiert er zum Katholizismus.

1598 Henri IV. beendet die Hugenottenkriege durch das Toleranzedikt von Nantes. Danach dürfen Protestanten ihre Religion in einigen Städten frei ausüben, etwa in ihrer Hochburg La Rochelle.

1628 Louis XIII. verfolgt erneut eine Politik der religiösen Konfrontation. Sein Kardinal Richelieu belagert das protestantische La Rochelle. Trotz erbitterten Widerstands muss die Stadt nach schweren Verlusten kapitulieren.

1660 In St-Jean-de-Luz findet die glanzvolle Hochzeit von Louis XIV. mit der spanischen Infantin Maria Theresa statt.

1685 Louis XIV. hebt das Toleranzedikt von Nantes auf, woraufhin Hunderttausende verfolgter Protestanten das Land verlassen – ein schwerer wirtschaftlicher Verlust für Frankreich.

17. Jh. Um gegen die vermeintliche Bedrohung durch England gewappnet zu sein, lässt man mächtige Festungen bauen, unter Louis XIII. etwa die großen Zitadellen von Brouage und Château d'Oléron. Für Louis XIV. errichtet Sébastien le Prestre de Vauban u. a. die Anlagen von Blaye und Fort Médoc.

1689 Charles-Louis de Secondat, Baron de la Brède et de Montesquieu, einer der bedeutendsten Theoretiker der Aufklärung, wird im Schloss La Brède südlich von Bordeaux geboren († 1755).

Der scharfsinnige Denker Montesquieu entwickelte die Idee der Gewaltenteilung

18. Jh. Die Hafenstädte an der Atlantikküste erleben dank des Handels mit den Kolonien eine wirtschaftliche Blüte. Bordeaux wird zum wichtigsten Wirtschaftshafen Frankreichs. Gleichzeitig leben nach wie vor große Teile des einfachen Volkes in bitterer Armut.

1788 – 1867 Die Behörden forsten den unwirtlichen Küstenstreifen zwischen der Girondemündung und Bayonne mit Seekiefern auf. Die Bäume stoppen die Sandverwehungen, liefern Holz und werden zur Harzgewinnung genutzt.

1789 Die Französische Revolution bricht aus und wird zunächst von der Mehrzahl der Bevölkerung begrüßt. Gewaltexzesse der Revolutionäre, die Hinrichtung König Louis XVI. und Priesterverfolgungen führen zu konterrevolutionären, jedoch erfolglosen Volksaufständen mit Zentrum in der konservativen und königstreuen Vendée.

1793 In der 1791 eingerichteten Nationalversammlung bilden die Abgeordneten aus der Gironde-Region, die Girondisten, anfangs eine wichtige Fraktion. Sie können ihre gemäßigten, föderalistischen Ideen jedoch nicht gegen die radikalen Jakobiner durchsetzen. Schließlich beschuldigt man sie der Verschwörung gegen die Republik und richtet 22 Abgeordnete in Bordeaux hin.

1799 In einem Staatsstreich macht sich General Napoleon Bonaparte zum ersten von drei Konsuln, die das Land regieren. 1802 wird der ›große kleine Korse‹ Konsul auf Lebenszeit.

1803 Außenpolitische Streitigkeiten und konkurrierende Kolonialpolitik führen zu einem neuerlichen Krieg zwischen Frankreich und England.

1804 Napoleon Bonaparte krönt sich selbst zum ›Kaiser der Franzosen‹.

1814 Die englische Armee unter Arthur Wellington dringt in die Gascogne ein, rückt bis Toulouse vor und besiegt dort die französischen Truppen.

1815 Napoleon I. muss abdanken und wird auf die britische Insel St. Helena, rund 1800 km vor der südwestafrikanischen Küste, verbannt.

1870/71 Im Deutsch-Französischen Krieg verlegen französische Regierung und Nationalversammlung ihren Sitz vorübergehend von Paris nach Bordeaux.

Nachdem er sich 1804 zum Kaiser gekrönt hat, ehrt Napoleon I. seine Frau Josephine

1876 Der französische Weinbau gerät in eine schwere Krise, als die aus Nordamerika eingeschleppte Reblaus (Phylloxera) sich im Bordelais verbreitet und dort die meisten Rebstöcke zerstört.

19. Jh. Da der Südwesten Frankreichs keine Kohlevorkommen besitzt, entsteht dort kaum Industrie. Besonders die Bergregionen Baskenland und Béarn bleiben arm, viele Familien wandern aus.

1914 – 18 Während des Ersten Weltkrieges flieht die französische Regierung erneut aus Paris nach Bordeaux.

1939 – 45 Im Zweiten Weltkrieg wird Bordeaux zum dritten Mal provisorischer Sitz einer französischen Regierung, bis deutsche Truppen die Atlantikküste aufgrund des Waffenstillstandsvertrags vom Juni 1940 bis zur spanischen Grenze besetzen und befestigen.

1944 Am 6. Juni landen alliierte Streitkräfte in der Normandie. Im Südwesten können sich deutsche Verbände in einzelnen Städten halten. Die Folge ist, dass z. B. das schöne alte Seebad Royan durch einen englischen Fliegerangriff 1945 völlig zerstört wird.

1950 Erdgasvorkommen werden bei Lacq am Fuß der Pyrenäen, Erdölvorkommen bei Parentis in der Region Landes entdeckt und gefördert.

1959 ›Euskadi ta Askatasuna‹, ›Baskenland und Freiheit‹, lautet das Motto der sich formierenden baskischen Separatistenorganisation ETA.

1970 Südöstlich von Arcachon wird der Naturpark Parc Naturel Régional des Landes de Gascogne geschaffen.

1972 Die Gebietsreform weist an der südlichen Atlantikküste zwei Regionen aus: Aquitaine besteht aus den vier Départements Pyrénées-Atlantique, Landes, Gironde und Dordogne, während Charente und Charente-Maritime die Region Poitou-Charentes bilden. Die Vendée wird verwaltungstechnisch dem Pays-de-Loire zugeteilt.

1981 Die Autobahn A 10 ›L'Aquitaine‹ von Paris nach Bordeaux wird eröffnet.

1992 Der Hochgeschwindigkeitszug ›TGV Atlantique‹ legt die rund 500 km lange Strecke Paris – Bordeaux in weniger als drei Stunden zurück.

1998 Die UNESCO erklärt zahlreiche Baudenkmäler entlang der alten Jakobspilgerwege in Frankreich zu Weltkulturerbe, darunter die Basilique St-Michel und die Cathédrale St-André in Bordeaux.

2001 Der Franzose Michel Desjoyeaux gewinnt in 93 Tagen die 4. Vendée Globe, die härteste Regatta der Welt im Einhandsegeln: 48 000 km ohne Zwischenstopp von Les Sables d'Olonne um die Antarktis und wieder zurück.

2002 Vor der spanischen Küste sinkt der Öltanker Prestige, das austretende Öl bedroht auch die französische Atlantikküste, die präventiv durch Ölsperren geschützt wird.

Sehenswürdigkeiten

Poitiers und La Vendée – zwischen Marsch und Meer

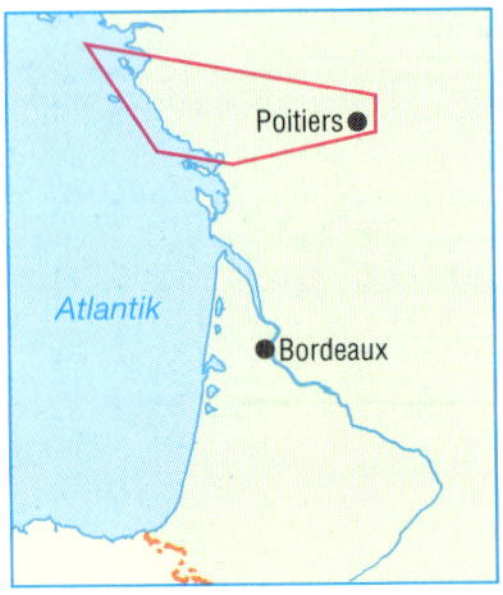

Einem Tor zum Süden gleicht **Poitiers**, die alte Jakobspilgerstadt mit ihren vielen romanischen Kirchen, über die man von Osten her die sonnige Atlantikküste in der ländlich geprägten Region Vendée erreicht. Diese **Côte de Lumière**, die ›Küste des Lichts‹, wurde im Laufe der Jahrhunderte von Wind und Wellen modelliert und durch Sandverwehungen verändert. Inseln wurden zu Halbinseln und Häfen verlandeten. Dieselben Phänomene bescherten der Region aber auch herrliche Sandstrände, die Städte wie **Les Sables d'Olonne** oder **St-Gilles-Croix-de-Vie** zu beliebten Seebädern und Ferienorten machten. Badeurlauber schätzen daneben die **Île de Noirmoutier**, deren Salinen, Austernbänke und Fischerhäfen zu einem Besuch einladen, sowie die etwas herbere **Île d'Yeu**, die entlang ihrer steilen Klippen zum Radeln und Wandern geradezu prädestiniert scheint.

Das Binnenland der Vendée ist durch die *Bocage* geprägt, durch Hecken und Gebüsche voneinander getrennte Weideflächen, sowie durch *Marais* genanntes Sumpfland. Am berühmtesten ist das schon teilweise zum Département Charente-Maritime gehörende **Marais Poitevin** beiderseits des Flüsschens Sèvre Niortaise. In diesem Naturpark kann man herrliche Kahnfahrten unternehmen, auf schmalen Straßen zu malerischen Marais-Dörfchen radeln oder in alten Abteien der Geschichte nachspüren.

1 Poitiers

Plan Seite 21

Die ›Stadt der 100 Kirchen‹ – ein Bilderbuch romanischer Baugeschichte.

Die Hauptstadt der Region Poitou-Charentes, rund 280 km südwestlich von Paris, wird aufgrund ihrer Lage oft als ›Tor zum Süden‹ bezeichnet.

Geschichte Die unter Gaius Julius Caesar im 1. Jh. v. Chr. der Provinz Aquitania einverleibte keltische Siedlung entwickelte sich zu einem blühenden römischen Zentrum namens **Limonum** mit Tempeln, Amphitheater und Thermen. Früh konnte sich das **Christentum** durchsetzen, im 4. Jh. wurde der hl. Hilarius erster Bischof der Stadt. Die thüringische Prinzessin Radegunde zog sich 559 nach ihrer Trennung von Frankenkönig Chlotar I. nach Poitiers zurück und gründete hier das Frauenkloster Ste-Croix. Für die Entwicklung des christlichen Europa war die Schlacht nordöstlich von Poitiers entscheidend, in der Karl Martell 732 die Araber besiegte und damit eine weitere Verbreitung des Islam in Europa verhinderte.

Im 10. Jh. gewann Poitiers als **Hauptstadt** des Herzogtums Aquitanien an Bedeutung. Damals entstanden das Schloss der Grafen von Poitou, von dem heute nur noch Reste erhalten sind, die großen Kirchen Notre-Dame-la-Grande, Ste-Radegonde, St-Hilaire-le-Grand, St-Jean-de-Montierneuf und um 1200 die neue Kathedrale. Auf die Fülle von Gotteshäusern geht auch der Beiname ›Stadt der 100 Kirchen‹ zurück.

Während des **Hundertjährigen Krieges** unterstand Poitiers abwechselnd englischer und französischer Hoheit, was Brandschatzungen und Zerstörungen verursachte, erlebte jedoch unter Herzog Jean de Berry (1340–1416) eine neuerliche Blüte. Charles VII. gründete 1432 in der Stadt eine **Universität**, deren vier Fakultäten Theologie, Jura, Medizin und Kunst schnell Ansehen erlangten. Heute zählt diese Alma mater rund 20 000 Studenten.

Vorhergehende Doppelseite: *Unglaubliche Dimensionen – die riesenhafte Düne von Pilat bringt einen Hauch von Sahara an die Französische Atlantikküste*

Schon von außen offenbart sich die hervorragend erhaltene Église Notre-Dame-la-Grande als Meisterwerk der romanischen Bau- und Steinmetzkunst

Mehr als 70 Kirchen besaß Poitiers vor den Religionskriegen, die im 16. Jh. einen wirtschaftlichen und kulturellen Niedergang mit sich brachten. Von ihm hat sich die Stadt erst nach dem Zweiten Weltkrieg erholt. 1961 wurde das nunmehr 100 000 Einwohner zählende Poitiers Hauptstadt der Région Poitou-Charentes.

Besichtigung Das überschaubare historische Zentrum liegt kompakt auf einer von Clain und Boivre umflossenen Anhöhe. Hauptsehenswürdigkeit ist die eher kleine **Église Notre-Dame-la-Grande** 1, deren **Fassade** aus dem 12. Jh. ein Höhepunkt romanischer Kirchenbaukunst ist. Sie besteht aus warm wirkendem, cremefarbenen Stein. Zwei Säulentürmchen, deren Dachform an Kiefernzapfen erinnern, flankieren die überreich mit Skulpturen geschmückte Front. Die dreigeschossige steinerne *Bilderbibel* beginnt mit Adam und Eva im Fries über dem dreibogigen Eingangsportal und führt über die Verkündigung bis zu Christi Geburt, um nur einen Teil der Szenen zu nennen. Darüber stehen Figuren der zwölf Apostel sowie der Bischöfe Hilarius und Martin, überragt von Christus in der Gloriole. Bei der letzten Restaurierung entdeckte Spuren lassen vermuten, dass die Fassade im Mittelalter farbig gefasst war. Eine Vorstellung von diesem für uns ungewohnten Anblick gibt im Sommer die spätabendliche Lichtshow *Les Polychromies*, bei der die Westwand effektvoll koloriert wird. Derzeit wird die Kirche wieder restauriert.

TOP TIPP

Im **Innern** wirkt die ohne Querschiff erbaute dreischiffige Hallenkirche dunkel, das schwere Tonnengewölbe erforderte massive Stützsäulen und erlaubte keine Wandöffnungen. Im etwas erhöhten, über einer Krypta liegenden Chor thront eine Statue der *Notre-Dame-des-Clés*, die bei Kummer helfen soll.

Der **Palais de Justice** 2, ein äußerlich unspektakulärer Bau des 19. Jh. (Mo–Fr 9–18 Uhr, Juni/Aug. tgl. geöffnet), umfasst die erhaltenen Teile des einstigen Schlosses der Grafen von Poitou (12./13. Jh.). Beachtenswert sind vor allem der Burgfried *Tour Maubergeon* sowie die von Aliénor d'Aquitaine erbaute, 50 x 17 m große, mit prächtigen Kaminen und überdimensionalen Fenstern an der Giebelwand ausgestattete *Salle des Pas Perdus*.

Über die alte Grand' Rue erreicht man die mächtige, 1166 begonnene **Cathédrale St-Pierre** 3. Im Stil angevinischer Gotik – mit bauchigem Kreuzrippen-

Bei entsprechendem Lichteinfall bringen die kolorierten Säulen etwas Farbe in den ansonsten eher zurückhaltenden Innenraum der Église Notre-Dame-la-Grande

gewölbe, verstärkten Seitenmauern und flachem Chorhaupt – wurde der harmonische dreischiffige Bau errichtet. Sehenswert sind die Glasfenster (12./13. Jh., derzeit in Renovierung), die Bibelszenen zeigen, das geschnitzte gotische Chorgestühl und die Orgel von 1791.

Östlich der Kathedrale steht die frühmittelalterliche, im 13./14. Jh. umgebaute Wallfahrtskirche **Ste-Radegonde** 4, deren romanischer Glockenturm einen kunstvollen spätgotischen Portalvorbau besitzt. In der Krypta unter dem Chor befindet sich das *Grabmal der hl. Radegundis*, der Schutzheiligen der Stadt.

Rue de la Mauvinière und Rue Ste-Croix führen zum **Baptistère St-Jean** 5 (April–Okt. Mi–Mo 10.30–12.30 und 15–18 Uhr, Juli/Aug. auch Di; Nov.– März Mi–Mo 14.30–16.30 Uhr), einem der ältesten christlichen Baudenkmäler Frankreichs. Die Taufkapelle wurde Mitte des 4. Jh. auf Grundmauern römischer Gebäude errichtet, die im Innern noch zu sehen sind, und in karolingischer und romanischer Zeit zur Kirche ausgebaut. Die Wandmalereien zeigen u. a. Christi Himmelfahrt und werden auf das 12./13. Jh. datiert. Eine Sammlung merowingischer Steinsärge stammt aus dem 5.–7. Jh.

Das **Musée Ste-Croix** 6 (Juni–Sept. Mo 13.15–18, Di–Fr 10–12 und 13.15–18, Di bis 20, Sa/So 10–12 und 14–18 Uhr; Okt.–Mai eingeschränkte Öffnungszeiten) gegenüber bewahrt Schätze romanischer Kunst. In der archäologischen Abteilung kann man die berühmte *Minerva von Poitiers* bewundern, eine römische Marmorstatue aus dem 1./2. Jh., die Skulpturensammlung zeigt u. a. ›Die drei Grazien‹ von Aristide Maillol.

Ein Abstecher nach Südwesten führt zur **Église St-Hilaire-le-Grand** 7 (11. Jh.). Hinter dem schmucklosen Portal der im 12. und 19. Jh. umgebauten Kirche verbirgt sich ein ungewöhnlicher, siebenschiffiger Innenraum mit zahlreichen Säulen unterschiedlichster Stärke. Die dem Mittelschiff nächstgelegenen, besonders hohen und schmalen Seitenschiffe stützen die drei Kuppeln, die das Langhaus im Zentrum überwölben. Schöne, ins 11. Jh. datierte Kapitelle

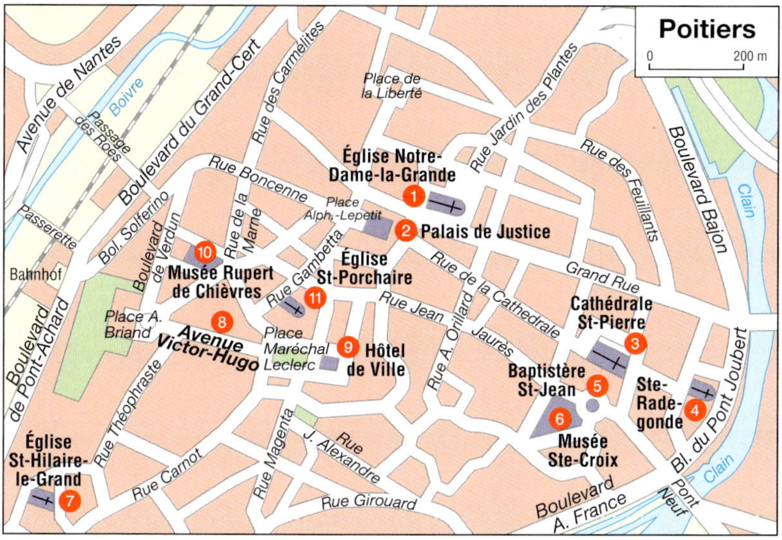

schmücken die Säulen. Im Nordwesten des Querhauses z. B. sieht man den Tod des hl. Hilarius.

Am Ende der **Avenue Victor-Hugo** 8 kann man über die Place Maréchal Leclerc hinweg einen Blick nach rechts auf die Fassade des Rathauses **Hôtel de Ville** 9 von 1875 werfen. Linker Hand liegt das **Musée Rupert de Chièvres** 10, das u. a. eine reiche Porzellansammlung aus Sèvres, China, Japan und Sachsen besitzt (Juni–Sept. Mo 13–18, Di– Fr 10–12 und 13–18, Sa/So 10–12 und 14–18 Uhr; Okt.–Mai eingeschränkte Öffnungszeiten). Über der Fußgängern vorbehaltenen Rue Gambetta erhebt sich der romanische Glockenturm (Ende 11. Jh.) der **Église St-Porchaire** 11

Würdevoll präsentiert sich das Hôtel de Ville von Poitiers mit seiner elegant dekorierten Fassade im Stil der Neorenaissance, Ende des 19. Jh. von Antoine Gaëtan Guérinot erbaut

(16. Jh.). Unter dem Chor der doppelschiffigen Kirche befindet sich eine kleine romanische Krypta.

Futuroscope

10 km nördlich von Poitiers öffnete 1987 das Futuroscope (tgl. 9–18 Uhr, im Sommer bis zum Sonnenuntergang, Internet: www.futuroscope.fr) seine Tore. Der futuristisch anmutende Themenpark stellt in kühner Architektur neue Technologien für Film und Kommunikation vor. An die Zacken eines Bergkristalls erinnert das **Kinemax**, dessen 600 m² große Leinwand alles bisher Gesehene in den Schatten stellt. Im **Omnimax** werden die Filme auf eine Kuppel projiziert. Nervenkitzel und Gänsehaut kann man im *3-D-Kino*, im *360°-Kino*, im *Tapis Magique* mit Europas größter Doppelkinoleinwand oder im **Cinéma Dynamique** erleben, in dem Zuschauer auf beweglichen Sesseln ins Filmgeschehen integriert werden. Kein Wunder, dass der Filmpark bis 2002 28 Mio. Besucher anzog.

Praktische Hinweise

Information: Office de Tourisme, 45, place Charles de Gaulle, Poitiers, Tel. 05 49 41 21 24, Fax 05 49 88 65 84, Internet: www.ot-poitiers.fr. – Information Futuroscope, Tel. 05 49 49 30 80, Fax 05 49 49 30 25. Reservierung für eines der umliegenden Hotels: Tel. 05 49 49 30 80.

Blecharmee mit Herz – das Futuroscope verbindet Gegenwart und Zukunft

Hotels

** **Le Plat d'Etain**, 7–9, rue du Plat d'Etain, Tel. 05 49 41 04 80, Fax 05 49 52 25 84. Freundliches, kleineres Haus in der Altstadt in einer ehem. Posthalterei.

** **L'Europe**, 39, rue Carnot, Tel. 05 49 88 12 00, Fax 05 49 88 97 30. Zentral gelegenes, gepflegtes Hotel.

Restaurants

Le Poitevin, 76, rue Carnot, Tel. 05 49 88 35 04. Gediegene Atmosphäre und gute Küche, die Spezialitäten des Poitou bietet, etwa *Farci poitevin*, Schweinefleisch mit Spinat, Zwiebeln und Speck.

Des Trois Piliers, 37, rue Carnot, Tel. 05 49 55 07 03. Bekannt gutes Speiselokal, in dem man z. B. *Bar braisé à la crème de fenouil*, Seebarsch geschmort in Fenchelsauce, essen kann.

2 Puy du Fou

Aufwendiges Historienspiel und Touristenspektakel im Land der Windmühlen.

Im Hügelland der Vendée, den *Collines Vendéennes*, dient nahe dem Örtchen *Épesses* das Renaissanceschloss Puy du Fou als Kulisse für eine der größten touristischen Attraktionen der Atlantikküste: In den Sommermonaten wird hier seit über 20 Jahren jeden Freitag- und Samstagabend das historische Freilichtspektakel **Jacques Maupillier, paysan vendéen**, ›Jacques Maupillier, Bauer der Vendée‹, aufgeführt. Etwa 800 Laiendarsteller kommen in der effektvoll mit Wasserspielen, Lichtshow und Pferdeeinsatz inszenierten Darbietung zum Einsatz. Obgleich mehr als 10 000 Zuschauerplätze zur Verfügung stehen, muss man monatelang im Voraus reservieren, um Eintrittskarten zu bekommen.

Das im 15./16. Jh. auf einer Anhöhe erbaute **Château du Puy du Fou** wurde während der Vendéekriege im 18. Jh. teilweise zerstört. Erhalten ist u. a. ein hübscher Pavillon, durch den man einen Seitenflügel betritt. Hier gibt das interessante **Ecomusée de la Vendée** (Mai–

Wimpel wehen, Rosse schnauben. Diese mitreißende Kavalkade von Rittern und Akrobaten ist eine der Attraktionen des Historienspiels vor dem Puy du Fou

Sept. Di–So 10–19, sonst Di–So 10–12 und 14–18 Uhr) einen Überblick über die Geschichte der Region von der Prähistorie bis zur Industrialisierung.

Der große, neben dem Schloss eingerichtete Freizeitpark **Le Grand Parcours** (Mai Sa/So 10–19, Juni–Mitte Sept. tgl. 10–19, Sa/So bis 21 Uhr) mit Wasserspielen, Arboretum und Rosengarten setzt ebenfalls historische Schwerpunkte: U. a. wurde ein mittelalterliches Stadtviertel mit Holzwerkstatt und Gerberei nachgebaut. Besonders interessant sind die Falknerei mit Flugshows der Raubvögel und Ritterspielen nachempfundenen Reitvorführungen. An Samstagen herrscht übrigens wegen des Historienspiels enormer Andrang.

Die Hügel der Vendée

Einen fantastischen Panoramablick über die Vendée bis zum Meer hat man vom höchsten Punkt des Départements, dem Kirchturm (194 Stufen) von **St-Michel-Mont-Mercure**, knapp 100 km von der Küste entfernt. Seinen Turm ziert eine 9 m hohe Kupferfigur des Erzengels Michael, der mit dem Teufel in Gestalt eines Drachen kämpft.

Sehr beschaulich gibt sich das Örtchen **Pouzauges** 6 km südöstlich. Seine Häuser ziehen sich terrassenförmig den Hang hinauf, der von einer mächtigen *Burgruine* aus dem 12. Jh. überragt wird. Im Zentrum lohnt die **Église St-Jacques** am weiträumigen Kirchplatz einen Besuch. Langhaus und Querschiff sind romanisch, der schöne Chor ist gotisch. Ca. 1,5 km südöstlich zeigt die Nordwand der kleinen romanischen **Église Notre-Dame-du-Vieux-Pouzages** fein gearbeitete Fresken aus dem 13. Jh.

Jahrhundertelang galten die Collines Vendéennes als Land der Windmühlen. In ihnen wurde Weizen und Roggen gemahlen. Drei der einst so zahlreichen Mühlen sind am **Mont des Alouettes**, einer 230 m hohen Kuppe an der zur Küste führenden N 160, erhalten. Sie sind typisch für die Vendée: zylindrische Steintürme, die ein die Flügel tragender, schindelgedeckter Spitzkegel bedeckt.

Praktische Hinweise

Information: Office de Tourisme, 28, place de l'Église, Pouzauges, Tel. 02 51 91 82 46, Fax 02 51 57 01 69

Historienspiel

La Cinéscénie Puy du Fou, 30, rue Georges Clémenceau, Épesses, Karten: Tel. 02 51 64 11 11, Fax 02 51 57 35 47, Internet: www.puydufou.tm.fr; Ende Mai–Sept. Fr/Sa 22 bzw. 22.30 Uhr.

Die Vendéekriege

Das Emblem der Vendée – ein flammendes Herz, vom Kreuz gekrönt – wählten Ende des 18. Jh. Bauern der Region, als sie sich gegen die Diktatur der revolutionären Jakobiner erhoben. Die grausamen Kämpfe gingen als Vendéekriege in die Geschichte ein.

Die Hinrichtung des französischen Königs **Louis XVI.** *am 21. Januar 1793 hatte sowohl viele Franzosen entsetzt, als auch England und Spanien veranlasst, Frankreich den Krieg zu erklären. Als daraufhin der Pariser Konvent, die von einer Minderheit revolutionär gesinnter Bürger gewählte Nationalversammlung, in der Vendée Soldaten rekrutierte, brachen dort 1793 Aufstände aus. Gesteigert wurde die Empörung der konservativ-katholisch eingestellten Vendéens, als die Revolutionäre Geistliche brutal verfolgten. Was als* **Bauernaufstand** *begann, wurde schnell auch zur Sache des* **Landadels**. *Die Aufständischen erzielten durch Überraschungsangriffe zunächst schnelle Erfolge. Vor Nantes scheiterten sie jedoch und wurden schließlich bei dem Versuch aufgerieben, Granville in der Normandie zu erobern, wo sie sich Unterstützung aus England erhofft hatten. Während die Revolutionsregierung die Zivilbevölkerung weiter terrorisierte und unter Druck setzte, führten die wenigen verbliebenen Aufständischen den Kampf als* **Partisanenkrieg** *fort. Im Winter 1794 wurden in der Vendée Tausende von Bauern ermordet, ganze Landstriche von den* **Colonnes infernales**, *den revolutionären ›Truppen der Hölle‹, gebrandschatzt und verwüstet. Im Juli 1795 gelang es General Lazare Louis Hoche schließlich, die aufständischen Vendéens gewaltsam zu befrieden.*

Hotel

La Bruyère, 18, rue Dr. Barbanneau, Pouzauges, Tel. 02 51 91 93 46, Fax 02 51 57 08 18. Schön oberhalb des Ortes gelegenes Haus, das von Terrasse und Restaurant ein herrliches Panorama auf das grüne Umland bietet.

3 Île de Noirmoutier

Die Insel der Salzgärten und Mimosen ist wie geschaffen zum Fahrradfahren.

Flach ist die 20 km lange und maximal 7 km breite Insel, die ähnlich einer Landzunge den Südwesten der *Baie de Bourgneuf* abriegelt. Weite, dem Meer abgerungene Flächen und ausgedehnte Salzgärten prägen das rund 58 m^2 große Eiland. Das milde Klima lässt Mimosen, Feigen und Steineichen gedeihen, der angenehm frische Meerwind sorgt dafür, dass es auch im Hochsommer nie drückend heiß wird. Besucher finden auf Noirmoutier malerische Buchten und lange Sandstrände, die auf der Westseite ein Dünengürtel vor dem Ozean schützt.

Bis 1971 die mittlerweile mautfrei zu befahrende Brücke von der Pointe de la Fosse im Süden der Insel zum gegenüberliegenden Fromentine geschlagen wurde, war der **Passage du Gois** (*goiser* = durchs Wasser waten) die einzige Zufahrt. Es handelt sich dabei um eine 4,5 km lange Plattenstraße durchs Meer, die die Île de Noirmoutier im Südosten mit dem Festland bei Beauvoir-sur-Mer verbindet – allerdings nur bei Ebbe. Ein spannendes Schauspiel bietet sich hier täglich, wenn das zurückweichende Meer Straße und Schlick freigibt, den dann Scharen von *Pêcheurs à pieds* [s. S. 132] auf der Suche nach Muscheln durchharken. Wenn die Flut wieder steigt, kehren Ausflügler auf die Insel oder das Festland zurück. Wer doch vom Wasser überrascht wird, muss sich auf eine der Rettungsbaken flüchten und dort bis zur nächsten Ebbe ausharren. Ehe man die Passage du Gois befährt, sollte man also unbedingt die elektronischen Hinweistafeln mit den Gezeitenständen am Ufer beachten.

<u>Geschichte</u> Megalithfunde zeugen von prähistorischer Besiedlung, an die gallorömische Zeit erinnern Fundamente einer bei Vieil im Norden der Insel entdeckten Villa. Mit Ankunft des Mönchs **Philbert** im 7. Jh. und seiner Klostergründung *Heri Monasterium* im heutigen Hauptort Noirmoutier-en-l'Île schritt die Besiedlung des Eilands fort. Die Benediktinermönche kultivierten das Land, legten Salinen an und bauten Windmühlen, flüchteten jedoch vor wiederholten Normanneneinfällen schließlich mit den Reliquien des hl. Philbert nach Burgund. Der Salzhandel mit Holland

und England brachte der Insel im 13.–19. Jh. einen gewissen Wohlstand. Heute leben die etwa 9700 Einwohner von Noirmoutier überwiegend von den rund 70 000 Sommergästen.

Oben: *Im Wechsel der Gezeiten setzt das Meer die Passage du Gois zwischen Insel und Festland frei und überschwemmt sie wieder*

Unten: *Das kappenartig aufgesetzte Runddach ist typisch für eine Mühle der Vendée*

Besichtigung Eine mächtige Festungsanlage vom Ende des 12. Jh. dominiert den im Nordosten der Insel gelegenen Hauptort **Noirmoutier-en-l'Île**. Von ihr sind die Wehrmauer und der trutzige rechteckige Donjon mit vier Ecktürmchen erhalten. Letzterer beherbergt das **Musée du Château** (Mitte Juni–Mitte Sept. tgl. 10–19, sonst Mi–Mo 10–12.30 und 14.30–18 bzw. 18.30 Uhr), das eine Sammlung zur Lokalgeschichte – Trachten, alte Gerätschaften und eine Dokumentation über die Vendéekriege – sowie englische Fayencen aus dem 18./19. Jh. zeigt. Von der Terrasse des Donjon hat man einen schönen Blick über den Ort und die ihn umgebenden Salinen, die – obwohl nur noch teilweise bewirtschaftet – rund ein Viertel der Inseloberfläche ausmachen.

Die neben dem Schloss aufragende **Église St-Philbert** mit dem stämmigen Kirchturm birgt in der sehr harmonisch wirkenden Krypta (Ende 7. Jh.) den leeren Sarkophag des hl. Philbert. Die Kirche selbst stammt aus verschiedenen Bauphasen: Die Apsis wird ins 12. Jh. datiert, das rechte Seitenschiff ins 14. Jh., Mittel- und linkes Seitenschiff wurden im 17. Jh. errichtet. Als Blickfang hängt das 1802 hergestellte Modell einer mit 50 Kanonen bewaffneten Fregatte über den Köpfen der Gläubigen.

Es lohnt, von Noirmoutier die *Jetée Jacobsen* entlang des Hafenkanals 1,5 km nach Osten bis zum **Fort Larron** zu laufen oder zu radeln, vorbei an glitzernden Salzgärten, in denen man immer wieder Silberreiher beobachten kann. Von dem Fort, das zur Verteidigung des Hafens gebaut worden war, genießt man einen schönen Blick zurück auf Schloss und Kirche. In einem früheren Salzspeicher (*Salorge*) am Hafen, der 1930–79 als Werft diente, ist das **Musée de la Construction Navale** untergebracht, das die Arbeitsgänge beim Holzschiffbau erläutert (Mitte Juni–Mitte Sept. tgl. 10–19, sonst Di–So 10–12.30 und 14.30–18 bzw. 18.30 Uhr). Daneben liegen die **Maison du Sel**, die mit einer Ausstellung und Filmen über Salzgewinnung auf der Insel informiert (Juli/Aug. tgl. 10–12 und 15–19 Uhr), sowie das **Aquarium Sealand** (im Sommer tgl. 10–19 bzw. 23 Uhr, sonst eingeschränkte Öffnungszeiten). Hier kann man 250 Fischarten aus atlantischen und pazifischen Gewässern bewundern, ferner Wasserschildkröten, Haie und Robben. Familien mit Kindern werden gerne das **Océanile** besuchen, dessen Rutschen, Wasserfälle und Wellenbad Spaß für die ganze Familie garantieren (Mitte Mai–Mitte Sept. tgl. 10–19 Uhr).

Östlich von Noirmoutier erstreckt sich der wunderschöne **Bois de la Chaize**, der mit seinen Steineichen, Kiefern und den im Februar blühenden Mimosen fast mediterran wirkt. Der Wald umgibt die geschwungene, von Granitfelsen eingerahmte, sandige Bucht **Plage des Dames**. Von hier aus führt die hübsche *Promenade des Souzeaux* am Ufer entlang zu weiteren kleinen Buchten.

Emsiges Treiben herrscht im Fischereihafen von **L'Herbaudière** im Nordwesten der Insel. Bunte Wimpel flattern auf den Booten, die Hummer, Langusten, Meeraale und Seezungen anlanden. Südlich davon beginnt mit der *Plage de la Bosse* beim Ferienort L'Épine ein heller, 20–40 m breiter **Dünenstrand**. Einen Besuch lohnt in dem Küstendorf La Guérinière das **Musée des Traditions de l'Île**, das über Salzgewinnung und lokales Brauchtum informiert (Juli/Aug. tgl. 10–19, Mai/ Juni und Sept. Mo–Sa 14.30–17.30 Uhr).

Praktische Hinweise

Information: Office du Tourisme, route du Pont, Barbâtre, Tel. 02 51 39 80 71, Fax 02 51 39 53 16

Schiff

Les Vedettes Intervilles Vendéennes, Pointe de la Fosse, Barbâtre, Tel. 02 51 39 00 00, Fax 02 51 39 54 26. Fahrten zur Île d'Yeu.

Hotels

Le Général d'Elbée, place d'Armes, Noirmoutier-en-l'Île, Tel. 02 51 39 10 29, Fax 02 51 39 08 23. Zentral am Hafenkanal gelegenes Hotel (nur Frühstück) in einem Stadthaus des 18. Jh. mit modernen Anbauten.

Les Prateaux, 8, allée Tambourin, Le Bois de la Chaize, Tel. 02 51 39 12 52, Fax 02 51 39 46 28. Hotel und Restaurant mit Terrasse und Garten am Waldrand in der Nähe der Plage des Dames.

Restaurants

Côté Jardin, 1 bis, rue du Grand-Four, Noirmoutier-en-l'Île. Tel 02 51 39 03 02. Das gepflegte Restaurant ist für seine frischen Fisch- und Meeresfrüchte weithin bekannt. Unverkennbar durch seine mit wildem Wein berankte Fassade.

La Marine, Port de L'Herbaudière, Tel. 02 51 39 23 09. In dem mit Netzen, Schiffsmodellen und Ankern dekorierten Fischlokal am Hafen werden köstliche Seezungen, Seebarsche und anderes Meeresgetier zubereitet.

◁ *Einladend schmuck und proper wirken die bunten Fischerboote im Hafen von L'Herbaudière auf der Île de Noirmoutier*

4 Île d'Yeu

Insel von herber Schönheit mit uralten Spuren menschlicher Besiedlung.

Die abgeschiedene Lage knapp 20 km vor der Küste, ursprüngliche Atmosphäre und landschaftliche Schönheit – besonders an der wilden **Klippenküste** im Südwesten – machen den Reiz der Île d'Yeu aus und bescheren der Insel im Juli und August Scharen von Tagesausflüglern. Außerhalb der Saison ist das kleine, 23 km² umfassende Stückchen Land in der Weite des Atlantiks ein Paradies zum Wandern, Radfahren und Entspannen. Dazu passt auch die **Anfahrt**, denn obwohl man die Insel auch mit dem Helikopter erreichen kann, kommen die meisten Besucher per Schiff von der 25 km nördlich gelegenen Île de Noirmoutier bzw. vom Festland. Das eigene Auto mitzunehmen ist nicht ratsam, denn die Insel ist klein und die Überfahrt sehr teuer. Bewachte Parkplätze stehen in den Abfahrtshäfen zur Verfügung.

<u>Geschichte</u> Einfache, auf der ganzen Insel zu findende Steinsetzungen deuten auf eine Besiedelung bereits zur Jungsteinzeit (5000–2500 v. Chr.). Der Name des Eilandes leitet sich vom lateinischen **Oya** ab, das sich zu ›Yeu‹ wandelte. Benediktinermönche machten die Insel urbar, an Gebäuden blieb von ihren Klostergründungen im 4.–6. Jh. und im 11. Jh. jedoch nichts erhalten. Im Hundertjährigen Krieg war Yeu von Engländern besetzt, ging jedoch 1785 endgültig in den Besitz der französischen Krone über. Louis XVI. versuchte, den seinerzeit blühenden Schmuggel von Salz und Tabak zu unterbinden. Heute besteht in

dieser Hinsicht keine Gefahr mehr, leben doch die rund 5000 Inselbewohner hauptsächlich vom Tourismus sowie vom Thunfisch- und Hummerfang.

In der zweiten Hälfte des 20. Jh. war die Île d'Yeu Verbannungsort von Marschall **Henri Philippe Pétain**, Chef der Vichy-Regierung. Er war trotz seines hohen Alters von 89 Jahren wegen Kollaboration mit den Deutschen 1940–44 im November 1945 zum Tode verurteilt, von General de Gaulle jedoch zu lebenslanger Haft begnadigt worden. Bis zu seinem Tod 1951 war Pétain im 1 km südwestlich der Stadt gelegenen *Fort de la Pierre-Levée* (Mitte 19. Jh.) inhaftiert. Auf dem Friedhof östlich des Forts befindet sich sein Grab.

Besichtigung Lebhafter Betrieb herrscht morgens im Hauptort **Port-Joinville** im Nordosten von Yeu, wenn von den angekommenen Fähren Ausflügler in die engen, von strahlend weißen Häuschen gesäumten Gassen ausschwärmen. Am besten mietet man sich in einer der vielen Verleihstellen am Hafen ein Mountainbike (nicht alle Wege sind asphaltiert) und erkundet die etwa 10 km lange und höchstens 4 km breite, dicht besiedelte Insel auf dem Drahtesel. In einem Tag kann man so die schönsten Ecken kennenlernen.

Einen freundlichen ersten Eindruck erhalten Besucher von Port-Joinville, wenn sie mit der Fähre von Festland kommend den Hafen erreichen

Als erstes Ziel bietet sich der Leuchtturm **Grand Phare** im Nordwesten auf dem Felsplateau *La Petite Foule*, 56 m über dem Meer, an. Von seiner Spitze blickt man bei gutem Wetter weit über Insel, Meer und die Vendéeküste. Dass Yeu einst von der Bretagne aus besiedelt wurde, lassen zahlreiche Dolmen und Menhire vermuten. Sehenswert ist z. B. der 5000–6000 Jahre alte **Dolmen de la Planche à Puare** bei der Bucht *Anse des Broches* im Norden, wo man auch ausgedehnte Sandstrände findet.

Entlang der Südküste erstreckt sich die wild zerklüftete **Côte Sauvage**, die einige sehr schöne, über steile Pfade erreichbare sandige Badebuchten ausspart. Zur Hauptsaison sind entlang dieser Küste allerdings Scharen von Urlaubern per Rad oder Elektroscooter unterwegs. Fantastisch liegt im Südwesten auf einem Felssporn, wie aus dem Granit gewachsen, das von der Brandung umtoste **Vieux Château**. Errichten ließen es im 12. Jh. die Herren der Insel, die *Sires de la Granache*, auf den Grundmauern einer keltischen Fluchtburg. Die zinnengekrönten Mauerreste gehen auf das 14. und 16. Jh. zurück. Von der luftigen Höhe des Donjon, der nur teilweise erhalten ist, jedoch im Rahmen einer Führung bestiegen werden kann, hat man einen weiten Blick über Ozean und Steilküste.

Ein schöner *Klippenweg* führt vom ›Alten Schloss‹ bequem zum wenige Kilometer entfernten, romantischen, tief eingeschnittenen Naturhafen **Port de la Meule**, auf dessen Kais sich Hummer- und Langustenreusen stapeln. Oberhalb des Hafens wacht die weiße Kapelle der Seeleute *Notre-Dame-de-Bonne-Nouvelle*, die in ihren Ursprüngen auf das 11. Jh. zurückgeht.

Über die Landspitze *Pointe de la Tranche* gelangt man zur von Felsen eingerahmten sandigen Bucht **Anse des Soux** und weiter südwärts zum beliebten Strand **Plage des Vieilles**. An die *Pointe des Corbeaux* schließt sich, schon auf der windgeschützten Seite zum Festland hin, die lange, ebenfalls sandige **Plage des Conches** an.

Scheinbar eins mit der felsigen Küste der Île d'Yeu, trotzten die Mauern des Vieux Château seit mehr als 400 Jahren dem donnernd anbrandendem Meer

Praktische Hinweise

Information: Office de Tourisme, rue du marché, Port-Joinville, Tel. 02 51 58 32 58, Fax 02 51 58 40 48,

Schiff

Compagnie Yeu Continent, Fromentine, La Barre-de-Monts. Tel. 02 51 49 59 69, Fax 02 51 49 59 70, Internet: www.compagnie-yeu-continent.fr. Personenfähren zur Île d'Yeu verkehren ab Fromentine, St-Gilles-Croix-de-Vie, St-Jean-de-Monts und von La Fosse auf Noirmoutier aus; Überfahrtsdauer 40–60 Min. Reservierung mehrere Tage im Voraus. Die Überfahrt der Autofähre dauert 70 Min. Reservierung mehrere Monate im Voraus.

Hubschrauber

Oya Hélicoptères, Fromentine, Tel. 02 51 59 22 22. Ein nettes, aber teures Vergnügen ist der Ausflug vom Festland per Helikopter.

Camping

** **Camping Municipal**, Port-Joinville, Tel. 02 51 58 34 20. 1 km östlich des Hafens an der Pointe Gilberge und am Meer gelegen. Im Sommer Reservierung notwendig.

Hotels

Atlantic, 3, quai Carnot, Port-Joinville, Tel. 02 51 58 38 80, Fax 02 51 58 35 92. Kleines, familiäres Hotel mit 14 Zimmern direkt am Hafen.

Le Flux, 27, rue Pierre-Henry, Port-Joinville, Tel. 02 51 58 41 33, Fax 02 51 59 44 57. Renommiertes Haus am Platze, anbei das gepflegte Restaurant La Marée.

5 St-Gilles-Croix-de-Vie

Dünen, Sand und Badespaß.

Der Fluss Vie trennt die betriebsamen Orte Croix-de-Vie und St-Gilles, die 1967 zu St-Gilles-Croix-de-Vie zusammengefasst wurden. Der wohl schönste Fischereihafen der Vendéeküste, in dem Thunfisch, Sardinen, Hummer und Langusten angelandet werden, ein großer Jachthafen, zwei vielbesuchte Sandstrände sowie ein reichhaltiges Wassersport- und Freizeitangebot machen die Attraktivität des Städtchens aus.

Im Mittelalter hatte sich die römische Gründung **Sidum** zu einer größeren Fischersiedlung entwickelt, der Mönche aus dem Languedoc den Namen ihres Schutzpatrons St-Gilles gaben. Die ins Meer vorspringende Landnase am rechten Ufer der Vie besiedelten ab dem 17. Jh. Fischer, die auch Croix-de-Vie gründeten. Das Dorf wurde im 19. Jh. zu einem Zentrum des **Sardinenfangs** an der französischen Atlantikküste. Seit über 100 Jahren haben die hier hergestellten Boote einen guten Ruf, und der **Schiffsbauer** Bénéteau ist ein wichtiger Arbeitgeber in der Region.

Das geschäftige Städtchen St-Gilles überragt der Glockenturm seiner im neogotischen Stil gehaltenen Kirche, die im 19. Jh. auf den Grundmauern eines Vorgängerbaus aus dem 14. Jh. errichtet wurde. Ein Fußweg führt vom Ortszentrum zu der vorgelagerten **Dune de la Garenne**. Von dieser Düne zwischen Meer und Vie überblickt man sehr schön die Stadt sowie Fischerei- und Jachthafen. Im Süden beginnt der kilometerlange feine Sandstrand **Grande Plage**, an dem im Sommer reger Badebetrieb herrscht. Im nahen **Aquarium Marin** kann man Fische und andere Lebewesen des Atlantiks bestaunen (Mitte Juni – Mitte Sept. tgl. 10–18.30, sonst Mitte April – Mitte Okt. tgl. 14–18 Uhr).

St-Jean-de-Monts

Nördlich der Vie setzt sich der breite Sandstrand zunächst fort, geht dann aber in eine felsige Steilküste über. Ihrem Verlauf folgt die **Corniche Vendéenne** genannte Küstenstraße, die immer wieder herrliche Ausblicke aufs Meer freigibt, bis ins 4 km entfernte Sion-sur-l'Océan. Anschließend erstreckt sich wieder kilometerlanger Sandstrand nordwestwärts bis zur Touristenstadt St-Jean-de-Monts. Sie beherbergt im Sommer mehr als 100 000 Gäste, die baden, surfen, segeln oder das vielfältige Vergnügungsangebot nutzen. Im Winter sind die 6000 Einwohner wieder unter sich, und die flache, schier endlos weite Küste gehört den *Strandseglern*.

Praktische Hinweise

Information: Office de Tourisme, boulevard de l'Égalité, St-Gilles-Croix-de-Vie, Tel. 02 51 55 03 66, Fax 02 51 55 69 60, Internet: www.stgillescroixdevie.com

Glitzer, Glanz und Glockenklang – bei Erwachsenen weckt das Karussell am Flussufer von St-Gilles nostalgische Erinnerungen und Kinder haben einfach ihren Spaß damit

Die Wellen des Atlantik spülen den aufmerksamen Strandläufern am Küstensaum von Les Sables d'Olonne interessante Fundstücke vor die Füße

6 Les Sables d'Olonne

Die Perle der Côte de Lumière.

Zu den bekanntesten und beliebtesten Seebädern Frankreichs zählt Les Sables d'Olonne. Es besitzt einen pittoresken Fischerhafen, eine riesige Marina, eine breite, schön angelegte Uferpromenade sowie – nicht zuletzt – einen 3 km langen, bogenförmig geschwungenen, sich nach Süden öffnenden Sandstrand TOP TIPP **Grande Plage**. Bei Ebbe ist er geradezu ideal, bei Flut allerdings drängen sich alle Gäste auf den wenigen verbleibenden Metern unterhalb der Strandpromenade **Le Remblai**. Diese ist etwas erhöht angelegt und dient seit dem 18. Jh. als Flaniermeile und zum Schutz vor der Meeresbrandung. Zur Stadt hin wird sie abwechselnd gesäumt von modernen, zehnstöckigen Apartmenthäusern und von einigen prachtvollen alten Villen des 19. Jh. Les Sables d'Olonne war zu Beginn des 19. Jh. eine beliebte Sommerfrische der Aristokratie. Mit dem Anschluss ans Eisenbahnnetz 1866 kam auch bürgerliches Publikum und das sympathische Städtchen (16 000 Einw.) wurde zu dem beliebten **Familienbadeort**, den jeden Sommer gut 100 000 sonnenhungrige Gäste besuchen.

Die Hafeneinfahrt trennt das idyllische einstige Fischerviertel La Chaume von dem geschäftigen Stadtteil **Quartier du Passage**, der sich zwischen Hafenbecken und Meer schiebt. Besonders lebhaft geht es in der restaurierten Markthalle *Halles centrales* von 1890 zu. Zwischen Rue des Halles und Rue de la Patrie verläuft die sich auf knapp 50 cm Breite verengende **Rue de l'Enfer**. Sie wurde als schmalste Straße der Welt ins Guinness Buch der Rekorde eingetragen. Die von außen in ihrer Mischung aus spätgotischen und Frührenaissance-Elementen etwas abweisend wirkende **Église Notre-Dame-de-Bon-Port** (Mitte 17. Jh.) birgt im Innern ein schönes Renaissance-Ziborium über dem Hauptaltar. 500 m weiter östlich kann man in der Rue Verdun das **Musée de l'Abbaye Ste-Croix** (Mitte Juni–Mitte Sept. tgl. 10–12 und 14.30–18.30, sonst Di–So 14.30–17.30 Uhr) besichtigen, das in einer zum Kulturzentrum umgestalteten Benediktinerinnenabtei eingerichtet wurde. Es ist der Prähistorie, dem lokalen Brauchtum und der zeitgenössischen Kunst gewidmet. Auch Malerei ab 1910 ist gut vertreten, z. B. mit Werken von Victor Brauner und Gaston Chaisac.

Buntes Treiben herrscht stets um den **Hafen**, der sich von einer Basis der Walfänger im 12. Jh. zu einem Zentrum der Kabeljau-Fischerei (15.–18. Jh.) entwickelte und im 19. Jh. für Schiffe

DISCOVERY 158
Old Town

größerer Tonnage ausgebaut wurde. Seit den 60er-Jahren existiert nördlich davon der Jachthafen **Port-Olona**, der mit seinen 1100 Liegeplätzen zu den ganz großen an der französischen Atlantikküste zählt. Von hier aus startet alle vier Jahre die **Vendée Globe**, eine Einhand-Segelregatta um die Welt, am 7. November 2004 fällt der nächste Startschuss.

Jenseits des Hafens erstreckt sich der Stadtteil **La Chaume**, in dem das Leben etwas gemächlicher verläuft. An der Hafeneinfahrt wachte im Mittelalter das um 1154 gegründete *Château-Fort St-Clair*, von dem nur noch die zinnenbekrönte **Tour d'Arundel** (nur Gruppen, Tel. 02 51 32 68 67) erhalten ist, die seit dem 18. Jh. als Leuchtturm dient. Aus 33 m Höhe hat man einen schönen Blick auf die Häfen von Sables, die geschwungene Bucht sowie auf die Segeljollen und Katamarane auf dem Meer. Meerwärts bei der Mole markiert die hübsche, kleine Kapelle **Prieuré St-Nicolas** aus dem 11. Jh. den Beginn der Hafeneinfahrt. Sie wurde von Hugenotten 1622 zerstört, anschließend erneuert und 1779 vorübergehend zu einem Fort umgebaut. Von der großen Mole bietet sich noch einmal ein herrliches Panorama über Küste, Stadt und Meer.

Marais d'Olonne

Nördlich von La Chaume zieht sich über 15 km der dichte Kiefernwald **Forêt d'Olonne** hin. Landeinwärts beginnen die alten Salzgärten, deren Becken und Kanäle ein rund 1200 ha großes Areal bedecken, das Marais d'Olonne genannt wird. Die Salzgewinnung ging seit den 50er-Jahren jedoch zunehmend zurück, statt dessen dienen die Becken heute der rentableren Fischzucht. Eindrucksvoll erlebt man diese stille Landschaft bei einem Bootsausflug auf den verzweigten Kanälen ab Port-Olona (Tel. 02 51 21 01 19).

Praktische Hinweise

Information: Office de Tourisme, 1, promenade Joffre, Les Sables d'Olonne, Tel. 02 51 96 85 85, Fax 02 51 96 85 71, Internet: www.ot-lessablesdolonne.fr.

◁ *Les Sables d'Olonne hat viele Gesichter: rollende Brandung gefällt den Surfern* **(oben)**, *auch für Badefreunde ist bestens gesorgt* **(Mitte)** *und das Umland lockt zu geruhsamen Familienausflügen* **(unten)**

Hotels

Admiral's Hotel, Port-Olona, Tel. 02 51 21 41 41, Fax 02 51 32 71 23. Komfortables Hotel am Jachthafen.

Les Embruns, 33, rue du Lieutenant-Anger Tel. 02 51 95 25 99, Fax 02 51 21 37 95. Das gut geführte Haus liegt abseits vom Trubel in dem charmanten Viertel La Chaume.

Restaurants

Le Galion, 18, place Navarin, Tel. 02 51 21 11 61. An der Uferpromenade gelegenes Lokal, das auf seine frisch zubereiteten Fische und *Fruits de mer* stolz ist.

Le George V., 20, promenade George V., Tel. 02 51 95 11 52. In dem eleganten Restaurant in La Chaume speist man gut – mit Blick auf den Schiffsverkehr in der Hafeneinfahrt. Angeboten wird viel Fisch in interessanter Zubereitung, z. B. Carpaccio von geräuchertem Seelachs in Curry.

An die wehrhafte Vergangenheit erinnert der trutzige Wachturm, der die Hafeneinfahrt von Les Sables d'Olonne bereits seit mehreren hundert Jahren treu bewacht

7 Pertuis Breton

Von goldfarbenen Sandstränden, Dolmen und mittelalterlichen Burgen.

Pertuis Breton heißt die Meerenge zwischen der Île de Ré und der südlichen Vendéeküste, die ihre Strandlinie im Verlauf der letzten Jahrhunderte immer weiter ins Meer vorschob. Gut 5 km im Landesinnern entdeckt man das Städtchen **Talmont-St-Hilaire**, das vor rund 900 Jahren noch an der Küste lag. Eindrucksvolle Ruinen eines im 11. Jh. zum Schutz des damaligen Hafens erbauten, während des Hundertjährigen Krieges erst erweiterten, dann zerstörten **Château fort** überragen den Ort. Im 16. Jh. wurde die Burg wieder aufgebaut und oftmals von verfolgten Protestanten als Zufluchtsstätte genutzt. Daraufhin ließ Kardinal Armand du Plessis de Richelieu die Anlage schleifen. Erhalten blieben Reste der Wehrmauern sowie die 980 und 1020 errichtete Kapelle *St-Pierre* (zur Saison Mo–Fr 10–13 und 14–19 Uhr)

Weitgehend unbekannt wäre der kleine Badeort **St-Vincent-sur-Jard** geblieben, wenn nicht der aus der Vendée stammende Politiker **Georges Clémenceau** (1841–1929), den die Franzosen im Ersten Weltkrieg *Tigre*, Tiger, nannten, hier seinen Lebensabend verbracht hätte. Sein einfaches, original möbliertes Haus in Strandnähe ist als **Museum** zugänglich (April–Sept. tgl. 9.30–18, Juli/Aug. bis 19 Uhr; sonst eingeschränkte Öffnungszeiten). Nordöstlich findet man nahe Avrillé die meisten Steinsetzungen in der Vendée. Bei Le Bernard, 6 km südöstlich von Avrillé, steht der Dolmen **La Frébouchère**, dessen 9 x 5 m messende Deckplatte ein Gewicht von schätzungsweise 100 t haben soll.

Weite flache Sandstrände machen den Reiz der Küste um das Ferienziel **La Tranche-sur-Mer** aus, das in den Sommermonaten einen unglaublichen Badetrubel erlebt. Die Gäste schätzen den 1 km langen, feinsandigen Hauptstrand, der auch bei Flut noch 50 m breit ist, sowie das große Sport- und Unterhaltungsangebot in dem zwar etwas nüchtern wirkenden, doch freundlichen Badeort. Außerdem ist La Tranche eine ›grüne Stadt‹, man hat sich neben dem Tourismus als zweites Standbein auf die Blumenzucht verlegt. So leuchten hier im Frühjahr unzählige Tulpen und Gladiolen in kräftigen Farben.

Sand und Dünen kennzeichnen auch die sich südlich anschließende Land-

Die Küste bei La Tranche-sur-Mer genießt man außerhalb der Saison beinah ungestört, doch im Sommer verwandelt sich der einsame Traumstrand in eine Touristenhochburg

zunge **Pointe de l'Aiguillon**. Jenseits der großen *Anse de l'Aiguillon*, die den Zugvögeln als Rastplatz dient, werden die Bademöglichkeiten jedoch rar. In der flachen, schlickigen Bucht überwiegt die Miesmuschelzucht. Ihr ist in **Esnandes** das Museum *Maison de la Mytiliculture* gewidmet (zur Saison tgl. 10–19 Uhr). Auch die romanische Wehrkirche des kleinen Ortes lohnt einen Besuch. Sie gleicht mit Zinnen und Wehrgang mehr einer Festung als einem Gotteshaus und besitzt schöne Steinmetzarbeiten. Im Mittelalter stand sie direkt an der Küste, heute erhebt sie sich etwas verloren auf einem Hügel über Esnandes.

Praktische Hinweise

Information: Office de Tourisme, place de la Liberté, La Tranche-sur-Mer, Tel. 02 51 30 33 96, Fax 02 51 27 78 71

Hotel

Les Cols Verts, 48, rue de Verdun, La Tranche-sur-Mer, Tel. 02 51 27 49 30, Fax 02 51 30 11 42, Internet: www.hotelcolsverts.com. Schön im Kiefernwald und in Strandnähe gelegenes Haus mit Swimmingpool, dessen Zimmer und Küche überzeugen; das ›Pfännchen mit Jakobsmuscheln‹ ist köstlich.

Die glanzvollen Zeiten, in denen Herzöge und Bischöfe St-Pierre in Maillezais förderten, sind zwar vergangen, doch selbst als Ruine ist die Abtei noch beeindruckend

8 Marais Poitevin

Ein atlantischer Spreewald.

Das Gebiet zu beiden Seiten des Flusses Sèvre Niortaise namens Marais Poitevin durchzieht ein Labyrinth von Wasserläufen. In mühsamer Arbeit wurden hier über Jahrhunderte hinweg dem Meer 80 000 ha Land abgerungen. Zisterzienser- und Benediktinermönche der großen Abteien St-Michel-en-l'Herm, Maillezais, Nieul-sur-l'Autise und Luçon hatten im 13. Jh. begonnen, die ursprüngliche Moor- und Küstenlandschaft einzudeichen und ihr fruchtbare Polder abzutrotzen. Diese Anlagen verfielen jedoch während des Hundertjährigen Krieges immer mehr. Henri IV. ließ Ende des 16. Jh. niederländische Wasseringenieure ein System von Drainagegräben und Schleusen entwickeln und so das begonnene Werk vollenden. Es entstand eine wunderschöne, üppig grüne **Kanallandschaft** mit fruchtbaren Landinseln, bestanden von dichtem Baum- und Buschwerk, das einer unübersehbaren Zahl von Vogelarten als Heimat dient. Auch Menschen siedelten sich an, die **Maraîchins**. Sie errichteten ihre niedrigen, weiß gekalkten Häuser auf kleinen, heute kaum noch wahrnehmbaren Erhebungen, die häufig nur per Boot zu erreichen sind. Fischfang (v. a. Hecht, Aal, Karpfen) und Gemüseanbau, z. B. von *Mojettes*, weißen Bohnen, bildeten die Lebensgrundlage. Damals transportierten die Bewohner des Marais Vieh und Milchkannen mit *Plattes*, flachen, schwarz geteerten Kähnen, und sogar Hochzeiten oder Beerdigungen fanden auf mehreren solcher schaukelnden Unterlagen statt. Diese Zeiten sind jedoch lange vorbei, ebenso wie die Jahrhunderte, in denen sich Verfolgte, Protestanten oder Aufständische in den ›Dschungel‹ flüchteten.

Im westlichen Teil, dem **Marais Desséché**, erstreckt sich eine flache, von geraden Kanälen durchzogene Polderlandschaft, die zum Fahrradfahren einlädt. Auf grünen Wiesen weiden Pferde und Kühe, vielfach werden Mais und

Sonnenblumen angebaut. Landeinwärts, etwa ab Marans, beginnt das zauberhafte grüne **Marais Mouillé**. Unzählige Wasserläufe prägen das sumpfige Gebiet. Es wird auch **Venise Verte**, ›Grünes Venedig‹ genannt, denn Pappeln, Erlen, Eschen und Kopfweiden säumen die kleinen Kanäle (*Rigoles*) und Wassergräben (*Conches*). Ihre Äste bilden ein Gewölbe, in das die Mittagssonne kaum eindringen kann. Schilf, Iris, Seerosen und Engelwurz entdeckt man bei TOP TIPP einer **Kahnfahrt** auf dem Wasser-Irrgarten. An fast jedem Ort im Marais kann man *Plattes* mieten. Sanft gleiten sie durch den grünen Teppich aus Wasserlinsen, nur das Quaken der Frösche und das Platschen der *Pigouille*, der Stake, mit der die *Bateliers* ihre Kähne wie Gondolieri geschickt durch das Labyrinth steuern, unterbrechen die Stille. Herrliche Farbspiele kann man in dem lichten Wald beobachten, zahlreiche Libellen, hier und da Silberreiher, abends auch Biber und Fischotter entdecken. Rund 15 000 ha dieser selten schönen Landschaft wurden als **Parc Naturel Régional du Marais Poitevin** unter Naturschutz gestellt.

Als Ausgangspunkt für Entdeckungstouren im ›Grünen Venedig‹ bietet sich das ruhige, vom Touristenansturm bislang verschonte Dorf **Maillezais** an. Am Ortsrand liegen die beeindruckenden Ruinen der Benediktinerabtei **St-Pierre**. Ersteigt man einen ihrer erhaltenen Türme, hat man einen herrlichen Blick über das ›grüne‹ Marais und die Polderlandschaft des Marais Desséché. Die Abtei war im 11. Jh. anstelle einer Burg der Herzöge von Aquitanien gegründet worden, die den Zugang zur Sèvre vor den Normannen schützte. Später avancierte sie gar zum Bischofssitz, in der Französischen Revolution wurden die Gebäude beschlagnahmt und dienten als Steinbruch. Teile der einst prächtigen Abteikirche, Schlaf- und Speisesaal, Salzkeller und die achteckige, 12 m hohe Küche sind erhalten (Juli/Aug. tgl. 9–20, sonst tgl. 9–12.30 und 14–19 Uhr). Sehenswert ist auch die im 19. Jh. leider stark restaurierte Kirche **St-Nicolas** aus dem 12. Jh. mit schönem romanischem Portal im Zentrum von Maillezais.

In **Nieul-sur-l'Autise**, 10 km nördlich von Maillezais, ist die majestätische **Abbaye Royale** (11. Jh.) mit einem herrlichen, vollständig erhaltenen Kreuzgang einen Besuch wert. Im 12. Jh. hatten die Herzöge von Aquitanien und der französische König Louis VII. die Abtei reich mit Schenkungen und Privilegien bedacht, war Nieul doch Geburtsort von Aliénor d'Aquitaine.

Coulon zählt zu den bekannten Dörfern des Marais Mouillé. Malerisch reihen sich die weißen Häuser mit bunten Fensterläden am Wasser. Hier kann man die romanische **Église de la Ste-Trinité** besichtigen, die eine seltene, zum Kirchplatz hin angebrachte *Außenkanzel* besitzt. Auch das höchst interessante Museum **Maison des Marais Mouillés** in Kainähe ist einen Besuch

Manch stressgeplagtem Stadtmenschen scheint das malerisches Marais Poitevin als Inbegriff von Frieden und Beschaulichkeit ▷

wert (Juli/Aug. tgl. 10–19, sonst Di–So 10–12 und 14–19 Uhr). Es gibt Aufschluss über die Urbarmachung des Marais Poitevin, erklärt das Leben der Moorbauern und erläutert Flora und Fauna der Region.

Praktische Hinweise

Information: Office de Tourisme, rue du Docteur Daroux, Maillezais, Tel. 02 51 87 23 01, Fax 02 51 00 72 51

Sport

Embarcadère de l' Abbaye, Maillezais, Tel. 02 51 87 21 87. Vermietet Kähne und Kanus, mit oder ohne *Batelier*.

La Libellule, place de l'Église, Coulon, Tel. 05 49 35 83 42. Verleih von Fahrrädern.

Camping

Camping de l'Autise, Maillezais, Tel. 02 51 00 70 79. Angenehmer, kleiner, einfacher Platz am Ortsrand.

Hotels

Le Saint-Nicolas, rue du Docteur Daroux, Maillezais, Tel. 02 51 00 74 45, Fax 02 51 87 29 10. Freundliches kleines Frühstückshotel im Zentrum.

Madame Bonnet, rue de l'Abbaye, Maillezais, Tel. 02 51 87 23 00, Fax 02 51 00 72 44. Madame vermietet sehr schöne Zimmer inmitten des Ortes.

Restaurants

Le Collibert, 19, rue Docteur Daroux, Maillezais, Tel. 02 51 87 25 07. Sehr gutes Lokal, das Spezialitäten des Marais wie Aal und Froschschenkel serviert.

Charente-Maritime – Wasser und Wein

Heiter und lieblich wirkt das zwischen den Flüssen Sèvre Niortaise und Gironde gelegene Département Charente-Maritime. Seit Mitte des 19. Jh. locken im Sommer Sonne und herrliche Sandstrände die Urlauber, hier ihre Ferien zu verbringen. Eingebettet in sanfte Hügel, mäandert die Charente durch das Weinbaugebiet **Cognac** und die kleine gleichnamige Stadt. Neben Cognac und Weinen bietet die Region als Delikatessen die beliebten Marennes-Oléron-Austern, die man an der hiesigen Küste ganz frisch schlürfen kann. Wichtigste Stadt der Charente-Maritime ist **La Rochelle**, die lebhafte frühere Hugenottenhochburg, deren Zentrum um den alten Hafen zum Flanieren einlädt. Für einen Badeurlaub bieten sich die Charentaiser Inseln an: die liebliche, weiße **Île de Ré** mit feinen Sandstränden und blumengeschmückten Dörfchen oder die idyllische, autofreie **Île d'Aix**. Auf der Insel lebt das Andenken an Napoleon I. fort, der hier seine letzten Tage auf französischem Boden verbrachte. Familien besuchen gern die **Île d'Oléron**, die mit langen sandigen Stränden, Dünen und Wäldern wie geschaffen scheint für Surfer, Muschelsucher und Radfahrer.

Wer sich für Festungsbaukunst interessiert, findet im Bereich der Charente-Mündung ausgezeichnete Werke wie Château d'Oléron, das Louis XIV. zum Schutz des Marinehafens in **Rochefort** anlegen ließ. Kunstliebhaber entdecken bei Ausflügen ins Landesinnere prachtvolle Zeugnisse romanischer Baukunst, vor allem reich mit Skulpturen geschmückte Kirchen. Besonders viele sind in den Dörfern der *Saintonge* erhalten, wie die Gegend um die schöne alte Römerstadt **Saintes** genannt wird.

TOP TIPP 9 La Rochelle *Plan Seite 40*

Das einstige Hugenottenzentrum zählt zu den attraktivsten Küstenstädten des Landes.

Eine wichtige Rolle in Frankreichs maritimer Geschichte spielte die Hafenstadt mit ihrem schönen historischen Zentrum, dem mediterranen Flair und den arkadengesäumten Straßen bereits seit dem Mittelalter. Heute ist das 73 000 Einwohner zählende La Rochelle Hauptstadt des Département Charente-Maritime, Bischofssitz – und im Sommer ein beliebtes Touristenziel.

Geschichte Das Fischerdorf auf dem Kalkplateau über dem Meer erhielt 1199 von Aliénor d'Aquitaine freies Stadtrecht und entwickelte sich daraufhin rasch zu einem weltoffenen **Hafen**. Salz- und Weinhandel mit Nordeuropa brachten La Rochelle Wohlstand. Zur Hochburg des französischen **Protestantismus** wurde die Stadt, nachdem König Henri IV. Ende des 16. Jh. im Toleranzedikt von Nantes einigen Orten Glaubensfreiheit zugestand. So kam La Rochelle zu dem Beinamen ›französisches Genf‹. Den reichen und mächtigen **Stadtstaat** empfand der französische König Louis XIII. aber als Gefahr für seine absolutistische Staatsidee. Durch eine Blockade gelang es 1628 seinem ehrgeizigen Kanzler Richelieu, die inzwischen mit England verbündete Stadt in die Knie zu zwingen. Dazu ließ er, nachdem er La Rochelle von jeder Landzufuhr abgeschnitten hatte, auf der Seeseite einen 12 km langen Deich aufschütten und mit Artillerie besetzten. Der protestantische Bürgermeister Jean Guiton zwang die Bevölkerung zwar, unter schrecklichen Bedingungen und Verlusten auszuharren, gleichwohl musste die Stadt am 30. Oktober 1628, nach

◁ *Im Vergleich zum kriegerischen 17. Jh. geht es heute im Hafen Vieux Port von La Rochelle ausgesprochen friedlich zu*

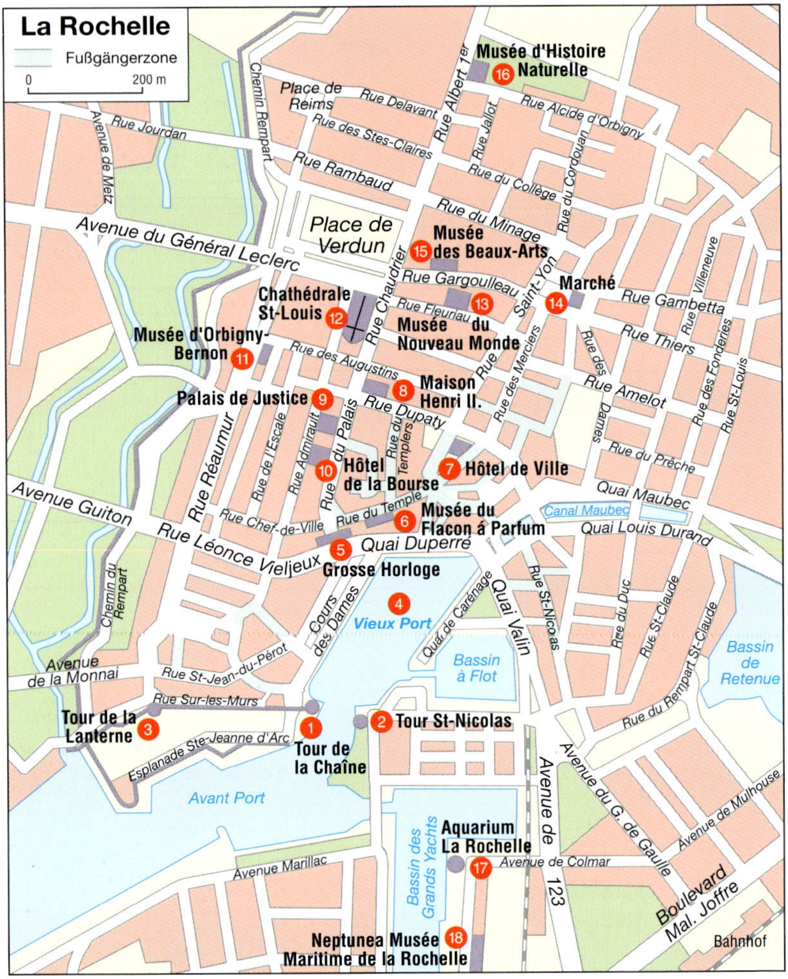

über 13-monatiger **Belagerung**, kapitulieren. Die landseitigen Verteidigungsanlagen wurden geschleift, La Rochelle verlor die meisten seiner Privilegien.

Erstaunlich schnell erholte sich die Stadt, vor allem durch ihre Wirtschaftsbeziehungen mit **Übersee** im 18. Jh., dem Zeitalter des Sklavenhandels. Der 1890 im Westen von La Rochelle angelegte Hafen *La Pallice* wurde zum wirtschaftlichen Zentrum, die alten Kaianlagen dienten erst als Fischer-, später als Jachthafen. Im Zweiten Weltkrieg bauten die Deutschen bei dem strategischen Stützpunkt La Pallice 1942 zwei riesige **U-Boot-Bunker**. Südlich der Stadt wurde 1972 ein zusätzlicher **Jachthafen**, *Les Minimes*, angelegt, der mit 3000 Liegeplätzen zu Europas größten zählt.

Besichtigung Den schönsten Anblick bietet die alte Hugenottenstadt von See. Man kann sich ihr z. B. mit dem kleinen *Bus de mer* nähern, der vom Strand des südwestlichen Stadtviertels Les Minimes bis zum *Vieux Port* in der westlichen Stadtmitte tuckert. Am Eingang des alten Hafens wachen zwei mächtige Wehrtürme. Die runde **Tour de la Chaîne** 1 (1382–90) ist die ältere von beiden. Im Innern ist ein kleines Museum zur Stadtgeschichte untergebracht (April–Sept. tgl. 10–19, Okt.–März Mi–So 10–12.30 und 14–17.30 Uhr). Mit der schweren, auf dem Platz neben dem Turm ausgestellten Kette konnte die Hafeneinfahrt bis zur gegenüberliegenden Tour St-Nicolas abgeriegelt werden. Sie war noch im 19. Jh. in Gebrauch. Die mächtige, fünfeckige und etwas geneigte **Tour St-Nicolas** 2 wirkt wie eine Festung. Einige der in den Meeresboden eingelassenen Eichenpfosten, auf denen das Fundament ruht, sind eingesunken, was die leichte Schräglage des Turms zur Folge hatte. Aus 35 m Höhe hat man von der Turmspitze einen schönen Blick über Stadt, Wehranlagen und Hafen (Öffnungszeiten wie Tour de la Chaîne). Der dritte der Verteidigungstürme ist die mit einer eleganten spätgotischen Spitze geschmückte **Tour de la Lanterne** 3 (Mitte 15. Jh.) westlich des alten Hafens, deren Mauern an der Basis 6 m breit sind. Sie diente als Wach- und Leuchtturm sowie als Kerker, woran die vielen Graffiti der Gefangenen in den acht übereinanderliegenden Räumen erinnern. Von der Galerie in 50 m Höhe bietet sich ein prächtiges Panorama (Öffnungszeiten wie Tour de la Chaîne).

Heute erscheinen diese Bollwerke wie Kulissen für das lebhafte Treiben um den **Vieux Port** 4, den alten Hafen, in dem sich die Segelboote sanft im Wind wiegen. Bars, Bistros und Restaurants reihen sich um das Hafenbecken am Cours des Dames und Quai Duperré. In den Auslagen türmen sich dekorativ Austern, Krebse, Miesmuscheln und Garnelen zu *Plateau de fruits de mer*. Schlendert man am alten Hafen entlang, gelangt man im Nordwesten zum Stadttor **Grosse Horloge** 5 (14. Jh.), das den Eingang in die Altstadt markiert und ein kleines archäologisches Museum beherbergt. Das wehrhafte, von zwei Rundtürmen flankierte, einbogige Tor geht in seiner jetzigen Form auf das 18. Jh. zurück. In der sich nordöstlich anschließenden Fußgängerzone *Rue du Temple* präsentiert das **Musée du Flacon à Parfum** 6 eine erlesene Sammlung von Parfumfläschchen und Puderdöschen (Mo 14.30–19, Di–Sa 10.30–19, Juli/Aug. auch So/Fei 15–18 Uhr).

In La Rochelle dominieren nicht Kirchen, sondern Börse und Rathaus. Das prächtige, 1595–1606 im Renaissancestil erbaute **Hôtel de Ville** 7 zählt zu den bedeutendsten Baudenkmälern der Stadt. Es scheint, als wolle es seine Pracht hinter der abweisenden gotischen Umfassungsmauer verstecken. Im Hof erinnert es mit seinen breiten Arkaden im Untergeschoss jedoch an einen toskanischen Palazzo. Die Fassade ist überaus reich verziert, u. a. mit die Kardinaltugenden versinnbildlichenden Statuen.

Das spitze Runddach der Tour de la Lanterne dient als deutliche Landmarke **(oben)**. *Einzigartig ist auch das Hôtel de Ville von La Rochelle mit seiner detailfreudig ausgearbeiteten Hoffassade* **(unten)**

An dem reizenden, mit einer zweigeschossigen Galerie versehenen Renaissancepalais **Maison Henri II.** 8 (16. Jh.) in der Rue Dupaty vorbei erreicht man die von Arkaden gesäumte Rue du Palais, in der das **Palais de Justice** 9 und das **Hôtel de la Bourse** 10, heute Sitz der Handelskammer, sehenswert sind, beides klassizistische Bauten des späten 18. Jh. Nur drei Querstraßen weiter ist in einem Gebäude des 19. Jh. in der Rue St-Côme das **Musée d'Orbigny-Bernon** 11 untergebracht (Mo, Mi–Sa 10–12 und 14–18, So 14–18 Uhr). Es ist der Stadtgeschichte, insbesondere der großen Belagerung von 1628 gewidmet, zeigt daneben aber auch Rochelais-Fayencen.

Im Norden geht die Rue du Palais in die Rue Chaudrier über, an der die massige, klassizistische **Cathédrale St-Louis** 12 steht, die zahlreiche Votivbilder von Seeleuten birgt. Die Kirche wurde 1742–62 errichtet, der Glockenturm stammt allerdings noch aus dem 15. Jh. Mit dem Kolonial- und Sklavenhandel zwischen Frankreich und Amerika beschäftigt sich das **Musée du Nouveau Monde** 13 (Mo, Mi–Sa 10.30–12.30 und 13.30–18, So 15–18 Uhr) in einem prachtvollen Palais der Reederfamilie Fleuriau in der gleichnamigen Straße. Es dokumentiert anhand von Räumen und Mobiliar den Lebensstil einer wohlhabenden Rochellaiser Familie im 18. Jh. und zeigt Gemälde, Zeichnungen, Skulpturen und historische Karten, die sich auf die Verbindungen zu Nordamerika beziehen. Eine Sammlung indianischer Stücke rundet dieses interessante Museum ab. An der zur 1831 errichteten Markthalle **Marché** 14 führenden Rue Gargoulleau steht der ehem. Bischofspalast aus der Zeit Louis XVI., in dem das **Musée des Beaux-Arts** 15 (Mi–Mo 14–17 Uhr) seinen Sitz hat. Es präsentiert Gemälde mit Stadt- und Hafenansichten überwiegend lokaler Künstler.

Wer Sinn für Originelles hat, mag das nördlich beim Botanischen Garten *Jardin des Plantes* gelegene **Musée d'Histoire Naturelle** 16 besuchen (Di–Fr 10–12.30 und 13.30–17.30, Sa/So 14–18 Uhr). Es zeigt eine präparierte Giraffe, die erste, die je französischen Boden betreten hatte. Ein ägyptischer Pascha hatte sie 1827 König Charles X. geschenkt. Weiterhin gibt es eine zoologische und eine ethnologische Sammlung zu sehen sowie das *Kuriositätenkabinett* des vielgereisten Militärs Clément de Lafaille (1718–1782), eines passionierten Sammlers und Jägers von Großwild und Reptilien.

Seekrank schon vom Hinsehen – die Exponate des Neptunea Musée Maritime de la Rochelle führen Besuchern die Seefahrt früherer Zeiten anschaulich vor Augen

Scheinbar schwerelos gleitet ein Stachelrochen an den Plexiglasscheiben des Aquariums vorbei, und man kann das majestätische Tier einmal ganz aus der Nähe betrachten

Das **Aquarium La Rochelle** 17 (Juli/Aug. tgl. 9–23 Uhr, April–Juni und Sept. 9–20 Uhr, Okt.–März tgl. 10–20 Uhr) lässt die Besucher auf den Grund der Meere unseres Planeten hinabtauchen. Es zeigt u. a. Rochen, Haie und Piranhas und gewährt spektakuläre Einblicke in das Unterwasserleben in Atlantik, Mittelmeer und in tropischen Gewässern.

Südlich des alten Hafens liegen am *Bassin des Chalutiers* im großen und modern gestalteten **Neptunea Musée Maritime de la Rochelle** 18 (April–Sept. 10–20, Okt.–März 14–18.30 Uhr) ein Meteorologieschiff und ein Fischtrawler zur Besichtigung. Ferner kann man seine Navigationskünste an einem ferngesteuerten Segelboot ausprobieren.

Praktische Hinweise

Information: Office de Tourisme, place de la Petite Sirène, Le Gabut, La Rochelle, Tel. 05 46 41 14 68, Fax 05 46 41 99 85, Internet: www.larochelle-tourisme.com

Schiff

Bus de Mer. Bootsverbindung zwischen Vieux Port und Jachthafen Les Minimes, etwa alle 1/2 Std.

Vedettes Inter-Îles et Fluviales, 14 bis, rue des Dames, Tel. 05 46 50 51 88. Ausflüge zu den Inseln Aix, Oléron und Ré.

Hotels

De la Monnaie, 3, rue de la Monnaie, Tel. 05 46 50 65 65, Fax 05 46 50 63 19. Gepflegtes Haus in einem Stadtpalais des 17. Jh. nahe der Tour de la Lanterne.

St-Jean-d'Acre, 4, place de la Chaîne, Tel. 05 46 41 73 33, Fax 05 46 41 10 01. Schön am alten Hafen gelegenes Hotel mit komfortablen Zimmern.

Restaurants

Comptoir du Voyage, 22, rue Saint-Jean-du-Pérot, Tel. 05 46 50 62 60. In dem guten Lokal werden regionale Spezialitäten wie *Bouilliture d'anguilles*, grüne Aalsuppe, serviert.

Café de la Paix, 53, rue Chaudrier, Tel. 05 46 41 39 79. Brasserie im Stil des Fin-de-Siècle, die der Autor Georges Simenon gern besuchte. Einige seiner Kriminalromane spielen in La Rochelle.

TOP TIPP **Richard Coutanceau**, plage de la Concurrence, Tel. 05 46 41 48 19. Feinschmecker-Restaurant des Starkochs von La Rochelle, nach dem das Restaurant benannt ist. Er kreiert köstliche Fischgerichte, wie Goldbrasse mit Tomaten und eingelegten Zitronen. Unter seinen Händen wird selbst eine schlichte *Mouclade rochelaise* (Miesmuscheln in Wein-Sahnesauce) zu einem kulinarischen Hochgenuss. Die Weinkarte bietet eine gute Auswahl.

10 Île de Ré

Strahlendweiße Inselschönheit.

La Blanche, ›die Weiße‹ wird die unmittelbar vor La Rochelle gelegene Insel Ré auch genannt – vielleicht aufgrund der weiß gestrichenen Häuschen hinter farbenprächtigen Stockrosen, den Salzkegeln in den Salinen oder wegen der hellen Strände? Andererseits gedeihen auf der flachen, 28 km langen und 3–5 km breiten Insel auch Gemüse (feiner Spargel) und Wein, Muschel- und Austernzucht haben die Salzgewinnung größtenteils abgelöst.

Ré, praktisch ein Vorort von La Rochelle, ist eine der beliebtesten **Ferieninseln** der Region und seit 1988 über eine elegante, knapp 3 km lange und gebührenpflichtige **Brücke** erreichbar. Dank der 60 km **Fahrradwege** kann man die Insel jedoch auch gut auf dem Drahtesel erkunden, es gibt zahlreiche Ausleihstationen in La Rochelle und auf Ré.

Der hübsche Hauptort **St-Martin-de-Ré** (2500 Einw.) an der Nordostküste ist noch vollständig von Mauern und Verteidigungsanlagen umgeben, die Vauban im 17. Jh. umfassend modernisierte. Die sternförmige Citadelle am Ostrand jenseits des Parc de la Barbette wurde 1625 konstruiert und dient seit 1798 als Gefängnis. In St-Martin selbst sind die Stadttore von 1685 gut erhalten: Porte Toiras im Osten und Porte des Campani im Westen, beides Meisterwerke mit für Vauban typischen Giebeln und kunstvollen Wappen. Fast mediterran wirkt der kleine Hafen, um den sich viele Restaurants angesiedelt haben. Im 16. und 17. Jh. liefen aus dem Bassin, in dessen Mitte das Gouverneurshaus auf einem Inselchen liegt, die Schiffe nach Übersee aus. Nahe dem Hafen steht in der Avenue Bouthilliers das restaurierte Renaissancepalais Hôtel de Clerjotte, einst Kloster, ab Ende des 17. Jh. Arsenal der Stadt. Heute sind hier Touristenbüro und **Musée de l'Île de Ré et Ernest Cognacq** untergebracht (Juli/Aug. tgl. 10–19 Uhr, Sept.–Juni Mi–Mo 10–12 und 14–17 Uhr). Letzteres zeigt Exponate zur Inselgeschichte sowie Gemälde, Fayencen, Schiffsmodelle etc. Auch des in St-Martin geborenen Ernest Cognacq (1839–1929), Gründer des französischen Samariterbundes, wird gedacht.

Über kopfsteingepflasterte Altstadtgassen erreicht man die etwas erhöht liegende **Église St-Martin**. Sie wurde im 15. Jh. errichtet, 1627 bei der Belagerung durch die Engländer zerstört und danach wieder aufgebaut. Nach einem Brand 1964 hat man die Kirche bewusst als Ruine inszeniert. So ragen Mauerreste und Fenster heute leer in den Himmel. Vom intakten Glockenturm genießt man einen herrlichen Ausblick über die

Eine vergleichsweise kleine Pforte in der Stadtmauer von St-Martin gewährt nur Fußgängern und Fahrradfahrern Einlass ins Innere des Städtchens

In kühnem Bogen verbindet eine formschöne Brücke die Île de Ré mit dem Festland

roten Altstadtdächer, Zitadelle, Hafen, Meer und einen großen Teil der Insel.

Zu den schönsten Orten auf Ré zählt das einstige Fischerdorf **La Flotte** östlich von St-Martin, das mit seinen niedrigen weißen Häusern, bunten Fensterläden, blumengeschmückten Gassen, einem pittoresken, von Cafés und Restaurants gesäumten Hafenbecken und dem alten Markt in der Ortsmitte viel Charme bewahrt hat. Gleichfalls sehenswert sind die Richtung Rivedoux-Plage abseits in den Feldern gelegenen Ruinen von **Notre-Dame-des-Châteliers**. Langhaus und Kreuzgang der im 12. Jh. gegründeten Zisterzienserabtei sind noch gut zu erkennen. Das Kloster wurde im 17. Jh. aufgegeben, aus den Steinen errichtete man 1625 zum Schutz von La Rochelle das etwa 1 km entfernte, sternförmige *Fort de la Prée*.

Über **Rivedoux-Plage**, das einen ausgedehnten feinsandigen Strand und einen kleinen Austernhafen besitzt, erreicht man den weitläufigen Ferienort **Le Bois-Plage**, dessen langen, von Dünen gesäumten Strand die Urlauber ebenso schätzen wie das umfangreiche Sport- und Unterhaltungsangebot.

La Couarde-sur-Mer im Süden von Ré ist ein beliebter Badeort mit 5 km langem, feinsandigem Strand. Eine Stichstraße führt an Austernbecken und Salinen vorbei nach **Loix-en-Ré**, wo die Zeit stillzustehen scheint. Hier sieht man grüne Fensterläden an strahlendweißen Häusern, enge Gassen, die Kirche am friedlichen Dorfplatz und am Hafen die letzte von den Gezeiten angetriebene Mühle der Insel. Sehr aufschlussreich ist ein Besuch der **Maison des Marais Salants**, die über die Salzgewinnung informiert (tgl. Mitte Juni–Mitte Sept. 10–13 und 14.30–19 Uhr).

Im hübschen Städtchen **Ars-en-Ré** steht die älteste Kirche der Insel, umgeben von winkligen Gassen. Diese **Église St-Etienne** (12.–15. Jh.) besitzt ein gut erhaltenes, breites Portal mit reich skulptierten Kapitellen und Archivolten. Der Glockenturm ist von weitem sichtbar, seine unten weiß und oben schwarz gestrichene Spitze diente der Schifffahrt als Landmarke. Im romanisch geprägten Innern ist die mächtige geschnitzte Kanzel von 1614 sehenswert. Früher war Ars ein wichtiger Hafen, in dem Skandinavier und Holländer das zum Konservieren so wichtige Salz einkauften. Heute ist vor allem der große *Jachthafen* nordöstlich von Bedeutung, den ganze Flotillen von Segelbooten nutzen.

An der Landspitze *Pointe des Baleines* strandet mitunter ein vorbeiziehender Wal. Das Skelett eines solchen Riesen ist im kleinen *Musée de la Mer* beim achteckigen **Phare de Baleines** ausgestellt. Der Leuchtturm ersetzte 1854 die kleinere, am Ufer stehende *Tour des Baleines* aus dem 17. Jh. Eine elegante Wendeltreppe führt in 257 Stufen zum Türmerstübchen und der darüberliegenden Aussichtsplattform (zur Saison tgl. 10–12 und 14.30–17, sonst 11–12 und 15–17 Uhr). Aus 55 m Höhe blickt man weit über Insel und Meer bis zum Festland. Nicht nur Kinder begeistert der 500 m vom Leuchtturm entfernte Zoo und Vergnügungspark **Arche de Noé** (im Sommer tgl. 10.30–18, sonst 14–17 Uhr), in dem Streicheltiere, Affen, Papageien, eine Muschelsammlung sowie ein Wachsfigurenkabinett zu sehen sind.

Top Tipp

Gern nutzen Badegäste die herrlichen **Sandstrände** an der Nordspitze, trotz einiger zerfallener Betonbunker deutscher Provenienz. Hier fanden die Dreharbeiten zu dem Hollywoodfilm ›Der längste Tag‹ über den D Day statt. Südlich des von mondänen Ferienvillen geprägten **Les Portes** wurde 1980 ein 150 ha großes Areal einstiger Salinen als Naturreservat **Lilleau des Niges** ausgewiesen, in dem jeden Winter bis zu 50 000 Zugvögel rasten. Führungen werden von der *Maison des Marais Salants* in St-Clément-des-Baleines veranstaltet, die auch über Flora und Fauna der Region informiert (Mitte Juni–Mitte Sept. tgl. 10–12.30 und 15–19 Uhr).

Praktische Hinweise

Information: Syndicat d'Initiative, quai de Sénac, La Flotte, Tel. 05 46 09 60 38, Fax 05 46 09 64 88

Hotels

Le Galion, allée de la Guyane, St-Martin-de-Ré, Tel. 05 46 09 03 19, Fax 05 46 09 13 26. Schön am Hafen gelegenes Hotel. Zimmer mit Frühstück.

Rivotel Le Lamparo, 154, avenue des Dunes, Rivedoux-Plage, Tel. 05 46 09 89 51, Fax 05 46 09 89 04. Von den Zimmern des sehr gepflegten Hotels blickt man teils auf das Meer, teils auf den Swimmingpool.

Restaurants

Le Bistrot de Bernard, 1, quai de la Criée, Ars-en-Ré, Tel. 05 46 29 40 26. Ausgezeichnetes Fischrestaurant, in dem nicht nur *Filet de bar rôti fleur de sel* (gegrilltes Wolfsbarschfilet) sehr empfehlenswert ist.

Le Chat Botté, 20, rue de la Mairie, St-Clément-des-Baleines, Tel. 05 46 29 42 09. Exquisite Fischgerichte kann man auf der großen Südterrasse genießen.

11 St-Jean d'Angély und Aulnay

Stilles Städtchen mit Vergangenheit und ein Schmuckstück romanischer Kunst.

In der lieblichen Landschaft der Saintonge liegt an der Boutonne das Städtchen St-Jean d'Angély, häufig ausgeschildert als *St-Jean-d'Y*. Der französische König Louis XIII. ließ 1621 nach erfolgreicher Belagerung die Mauern der damaligen Hochburg der Protestanten schleifen. Das Ortszentrum blieb jedoch von Zerstörungen verschont und heute kann man bei einem Spaziergang die historischen Gassen erkunden. Durch die **Tour de l'Horloge**, einen Wehrturm aus dem 14. Jh., der im 16. Jh. in einen Uhrturm umgewandelt wurde, gelangt man in die Rue Grosse-Horloge mit einigen ausgezeichnet erhaltenen Fachwerkhäusern des 15./16.Jh., ehe man die dreieckige *Place du Pilori* mit dem verspielten Renaissancebrunnen *Fontaine du Pilori* erreicht. Die Rue de l'Abbaye führt zur nahen **Ancienne Abbaye**, einem im 9. Jh. gegründeten Kloster, das 1562 von Hugenotten zerstört wurde. 1741 begann man mit dem Wiederaufbau der Abteikirche als gewaltigem Barockbau, die Französische Revolution verhinderte jedoch dessen Fertigstellung. Die monumentale Fassade mit den beiden unvollendeten Türmen lässt ahnen, was hier geplant war. Aus luftiger Turmhöhe (11–12 und 14.30–18.30 Uhr) hat man einen schönen Panoramablick über St-Jean d'Angély und die ländlich geprägte Saintonge.

17 km nordöstlich ragt bei dem kleinen Ort **Aulnay** eine der bedeutendsten romanischen Kirchen Frankreichs aus den Feldern: **St-Pierre** (12. Jh.), ein harmonisches Ensemble, umgeben von Zypressen inmitten des stillen Friedhofs. Die Kirche an der Pilgerstraße von Tours nach Santiago de Compostela ist seit dem Mittel-

Top Tipp

alter kaum verändert worden. Der Reichtum der gut erhaltenen *Steinmetzarbeiten* an Portalen und Kapitellen macht den besonderen Reiz dieses Bauwerks aus. Ein Juwel ist das filigran wirkende, überreich mit Skulpturen geschmückte Südportal. Mehrere hundert fantasievoll gestaltete Figuren von Heiligen, Tieren und Fabelwesen schmücken die Archivolten des Portals. Im *Innern* der dreischiffigen Hallenkirche im Stil poitevinischer Romanik sieht man interessante Kapitelle, auf denen z. B. Adam und Eva, Kain und Abel dargestellt sind sowie am Südwestpfeiler der Vierung ein kurios dargestellter Elefant.

Heute beeindruckt St-Pierre in Aulnay als Wunderwerk reinster Romanik, im Mittelalter diente sie gläubigen Jakobspilgern als Etappenstation auf dem Weg nach Spanien

Praktische Hinweise

Information: Office de Tourisme, 8, rue Grosse-Horloge, St-Jean d'Angély, Tel. 05 46 32 04 72, Fax 05 46 32 20 80

Restaurant

Le Scorlion, 5, rue de l'Abbaye, St-Jean d'Angély, Tel. 05 46 32 52 61. Feine und bekannt gute Küche, beispielsweise Rinderfilet in Trüffelsauce oder Entenfilet mit eingelegten Birnen, im Herzen der Altstadt.

12 Île d'Aix

Naturidylle pur auf autofreier Insel.

An ein Croissant erinnert die Form der flachen, 130 ha kleinen Insel. Ruhig und ohne Autoverkehr – eine Oase zum Entspannen vor der Küste von Rochefort. Nur 200 Menschen leben ganzjährig hier. Die meisten Urlauber setzen als Tagesausflügler in etwa 20 Minuten vom Fährhafen Fouras über und mieten in Aix, dem einzigen nennenswerten Ort der Insel, eine **Pferdekutsche** oder ein **Fahrrad** für die *Tour de l'Île*. Zu entdecken gibt es auf dem 3 km langen Eiland die drei *Forts* de la Rade, Liédot und Coudepont sowie saubere sandige Badestrände, ein Stückchen Felsküste im Norden, von Seekiefern und Tamarisken gesäumt, und im Südosten vorgelagerte Austernparks.

Viele Franzosen besuchen in Aix das kleine **Musée Napoléon** (Mi–Mo 10–12 und 14–18 Uhr) in der *Maison du Gouverneur*, das dem berühmtesten Gast der Insel gewidmet ist. Hier verlebte Napoleon I. Bonaparte nach seiner vernichtenden Niederlage bei Waterloo am 13. Juli 1815 seine letzten Stunden auf französischem Boden. Er bat die Engländer vergeblich um Asyl – auch dieser Brief ist hier ausgestellt –, sie brachten ihn von hier aus an seinen endgültigen Verbannungsort St. Helena im Südatlantik. Das Museum präsentiert persönliche Gegenstände und Schriftstücke des Kaisers, sein Schlafzimmer und seine Totenmaske. Wer nach soviel Geschichte noch das Dromedar bewundern möchte, auf dem der Kaiser während seines Ägyptenfeldzugs saß, sollte ins **Musée Africain** gegenüber schauen (Do–Di 10–12 und 14–18 Uhr). Seit 1933 steht das ausgestopfte Wüstenschiff neben Jagdtrophäen, die ein Baron de Gourgaud aus Schwarzafrika mitbrachte.

Ob in Gips, Marmor oder Porzellan, auf der Île d'Aix begegnet man dem großen kleinen Korsen (vorne) auf Schritt und Tritt, zumal in dem ihm gewidmeten Musée Napoléon

Fromme Pilger, frühe Touristen

Wahre Menschenströme zogen im Mittelalter als Wallfahrer durch Frankreich auf dem Weg ins spanische **Santiago de Compostela**. *Dort hatte man um 830 Spuren eines antiken Grabes gefunden, das die Legende dem* **hl. Jakobus** *zuschrieb. Das politische Klima, in dem die ›Entdeckung‹ des Grabes stattfand, war von der* **Reconquista** *bestimmt, der Rückeroberung Spaniens aus den Händen der Araber, vom Kampf der christlichen Welt gegen das Vordringen der Muslime auf der iberischen Halbinsel.*

Pilger aus ganz Europa zogen auf vier **Hauptrouten** *durch Frankreich nach Spanien; die westliche verlief über Poitiers, Aulnay, St-Jean d'Angély, Saintes und Bordeaux. Eine Nebenstrecke führte an der Küste der Region Landes entlang von Soulac nach Bayonne. Am Fuß der Pyrenäen in St-Jean-Pied-de-Port vereinten sich drei Hauptstrecken zu einem Weg über das Gebirge. Im Laufe eines Jahres zählte man bis zu 500 000* **Jacquets** *(von Jacques = Jakobus), die an ihrem weiten Umhängemantel, dem breitkrempigen Hut mit der Jakobsmuschel, Schultertasche und Stock zu erkennen waren. Überwog anfangs der religiöse Charakter der Wallfahrten, wurde die Pilgertour bald zu einem gesellschaftlichen, politischen und geradezu* **touristischen** *Ereignis. Wohlhabende Bürger, Adelige, Fürsten und Könige zogen nach Santiago. Entlang der Routen entstanden Klöster, Hospize, Herbergen und Tavernen, um die frommen Wandersleute zu versorgen. Die Orte an den Pilgerstrecken erlebten einen wirtschaftlichen und kulturellen* **Aufschwung**, *Baumeister und Künstler trugen romanische und gotische Baukunst in bis dahin völlig entlegene Landstriche. So kamen Städtchen wie Aulnay, Soulac oder St-Sever zu zauberhaften romanischen Kunstwerken. Die Verbreitung des Protestantismus und die Glaubenskriege führten schließlich im 16. Jh. zu einem Nachlassen der Wallfahrten.*

Praktische Hinweise

Information: Mairie Aix, Île d'Aix, Tel. 05 46 84 66 09

Schiff

Société Fouras-Aix, Tel. 05 46 41 76 24. Verbindung zwischen Pointe de la Fumée, Fouras und Île d'Aix. Zur Saison auch Ausflugsboote ab La Rochelle, Île d'Oléron, Île de Ré und La Tranche.

Camping

Camping du Fort de la Rade, bei Aix, Tel. 05 46 84 28 28, Fax 05 46 84 00 44. Sonniger Zeltplatz innerhalb des 1810 erbauten Fort de la Rade.

Hotel

Napoléon, place d'Austerlitz, Aix, Tel. 05 46 84 66 02, Fax 05 46 84 69 70. Das kleine und einzige Hotel der Insel bietet geräumige, komfortable Zimmer und ein Restaurant.

13 Rochefort

Einstiger königlicher Flottenstützpunkt.

Gut geschützt an einer Schleife der Charente, ca. 9 km von der Küste, ließ Louis XIV. ab 1666 ein **Marinearsenal** für den Ausbau seiner Flotte anlegen. Hier wurden Schiffe gebaut, armiert und instand gehalten. In schachbrettartig angelegten Vierteln nahe den Docks siedelten sich Schreinereien, Schmieden, Segelmachereien und Kanonengießereien an. Es entstanden Wohnhäuser für Arbeiter und Seeleute, Geschäfte, ein Krankenhaus – kurz, eine neue Stadt für bis zu 8000 Menschen (heute 26 000 Einw.). Der Baumeister Jean Baptiste Colbert ließ ein Fundament aus Eichenbohlen in den sumpfigen Boden legen, das Arsenal, Pulvermagazine und insbesondere die große Seilerei **Corderie Royale** direkt am Flussufer tragen sollte. In diesem 373 m langen Bauwerk wurden die bis zu 50 cm dicken Hanftaue für die Segelschiffe hergestellt. Heute beherbergt die einstige königliche Reeperbahn das **Centre International de la Mer** (tgl. 9–18, im Sommer bis 19 Uhr) mit einer Dokumentation zur Herstellung von Schiffstauen im Laufe der Jahrhunderte sowie eine ausgezeichnete nautische Buchhandlung. Südlich davon ist im *Hôtel des Cheusses* (17. Jh.), der ehem. Kommandantur, das interessante **Musée**

Prachtexemplare von Schiffsmodellen kann man im Musée de la Marine bewundern

de la Marine untergebracht (April–Sept. tgl. 10–18, sonst Mi–Mo 10–12 und 14–17 Uhr). Es hat die Marine des 17.–20. Jh. sowie das Arsenal zum Thema und zeigt Schiffsmodelle, nautische Geräte, Karten und Galionsfiguren. In einem der gemauerten alten Trockendocks wird eine Replik des 1779 in Rochefort vom Stapel gelaufenen Dreimasters *Hermione* gebaut (10–12 und 14–19 Uhr), mit der 1780 der junge Marquis de La Fayette nach Westen aufbrach, um im amerikanischen Unabhängigkeitskrieg mitzukämpfen.

Ein instruktives Modell der Stadt im Jahr 1835 und des bis 1927 in Betrieb befindlichen Arsenals kann man im **Musée d'Art et d'Histoire** (Juli/Aug. Di–Sa 13.30–18 Uhr) in der Avenue Charles-de-Gaulle sehen. Ferner werden Objekte und Kunst aus fernen Ländern gezeigt, die Seeleute von ihren Fahrten mitbrachten.

In eine andere Welt versetzt den Besucher die äußerlich unscheinbare **Maison de Pierre Loti** in der Altstadt (Besichtigung nur mit Führung, Juli–Mitte Sept. tgl. ab 10 Uhr alle 30 Min., sonst außer Di und So Vormittag. Großer Andrang, Reservierung über Touristenbüro möglich). Es ist das Geburtshaus des Marineoffiziers Julien Viaud (1850–1923), der sich als Romancier Pierre Loti nannte. Die Einrichtung spiegelt das Leben und den Geschmack des exzentrischen, weitgereisten Bestsellerautors wider, Souvenirs aus aller Herren Länder zieren das kurios gestaltete Haus. In dem türkischen Salon, Kopie einer Moschee mit erlesenem türkisfarbenem Mosaik, persischen Teppichen und Koransprüchen an den Wänden sowie im Renaissance-Saal mit flämischen Tapisserien werden die Fantasie des Schriftstellers, seine Vorliebe für Selbstdarstellung, für Orientalisches, Exotik und für die Vergangenheit sichtbar.

Ausflug

Ein lohnender Abstecher führt von Rochefort ca. 20 km nach Südosten. Dort liegt bei dem Dörfchen St-Porchaire, von einem dichten Eichenwald umgeben, das **Château La Roche-Courbon** (tgl. 10–12 und 14.30–18.30 Uhr, Mitte Sept.–Mitte Juni Do geschl.). Es wurde nach Ende des Hundertjährigen Krieges 1475 errichtet und im 17. Jh. barock umgestaltet mit Freitreppe zur herrlichen Parkanlage, Rundtürmen und Arkadengang. Die Repräsentationsräume des prächtigen Schlosses sind mit Mobiliar aus dem 19. Jh. ausgestattet.

◁ *Den exotischen Zauber des Morgenlandes ließ der Schriftsteller Pierre Loti in seinem Geburtshaus in La Rochelle aufleben*

Einen Besuch wert ist das landschaftlich schön gelegene Château La Roche-Courbon, nicht zuletzt wegen seiner ausgedehnten, ausgeklügelt gestalteten Gärten

Praktische Hinweise

Information: Office de Tourisme, avenue Sadi-Carnot, Rochefort, Tel. 05 46 99 08 60, Fax 05 46 99 52 64

Hotel

Hotel de la Corderie Royale, rue Audebert, Rochefort, Tel. 05 46 99 35 35, Fax 05 46 99 78 72, Internet: www.corderieroyale-hotel.com. Neben der alten Seilerei liegt das wohl beste Hotel der Stadt. Es wurde in der einstigen Artilleriekaserne eingerichtet, die freundlich ausgestatteten Zimmern mit Blick zum Garten oder über die Charente haben eine sehr angenehme Atmosphäre.

14 Brouage

Festungsstädtchen in den Marschen.

Reizvolle **Spazier-** und **Fahrradwege** durchziehen die flache, von Kanälen, Salinen und Austernzuchtbecken geprägte Küstenlandschaft südlich von Rochefort. Aus ihr ragt, heute gut 3 km vom Atlantik entfernt, die stattliche Zitadelle von Brouage auf. Sie sollte den einst bedeutenden Kriegs- und Salzhafen schützen, der noch im 17. Jh. am Meer lag. Kardinal Richelieu ließ 1630–40 die alten, um 1570 errichteten Befestigungsanlagen verstärken und ganz Brouage zu einer Festung ausbauen, die eine **Garnison** von 6000 Mann aufnehmen konnte. Doch Ende des 17. Jh. verlor sie allmählich an Bedeutung, der Hafen versandete, Handel und militärische Aktivitäten verlagerten sich nach Rochefort. Nach wie vor umgibt die rechteckige Wallanlage mit vorspringenden Eckbastionen den Ort, der heute etwas verloren im sumpfigen *Marais de la Seudre* liegt. Seit 1885 steht die historische Festung unter Denkmalschutz. Ein Bummel durch die rechtwinklig angelegten Straßen versetzt den Besucher ins 17. Jh., so wenig wurde hier verändert.

Man betritt die Festung durch die **Porte Royale** im Norden, an deren Wänden noch Graffiti der einstigen Wachsoldaten zu sehen sind. Die ›Königliche Pforte‹ ist Teil der rund 2 km langen und 13 m hohen **Wallanlage**, die auf einem Pfahlfundament im morastigen Boden ruht. Die Wälle sind begehbar und ermöglichen einen weiten Blick über das von Kanälen und Tümpeln durchzogene Umland. In der früheren Schmiede, **La Forge**, gleich an der Porte Royale hat das Touristenbüro seinen Sitz. Im Norden des Festungsbereichs liegt das ehem. **Palais des Gouverneurs**. Hier logierte 1659 für einige Monate Maria Mancini, Nichte von Kardinal Mazarin. Ihr Onkel hatte sie in die

Garnisonstadt verbannt, um sie von ihrem Geliebten Louis XIV. zu trennen. Der spätere Sonnenkönig sollte die spanische Infantin Maria-Theresa heiraten [s. S. 116 f.] und nicht Maria, der er die Ehe versprochen hatte.

Im Osten der Festung Brouage ist die imposante, 54 m lange **Halle aux Vivres** erhalten, in der über 700 Fässer mit Lebensmitteln aufbewahrt werden konnten. Heute wird in der alten Lagerhalle eine interessante Sammlung zur Entwicklung des Ortes gezeigt, mit Modellen, historischen Stichen und Objekten. Eine Gedenktafel markiert das Geburtshaus von **Samuel de Champlain** (1570–1633). Der Entdecker und Politiker leitete die Kolonialisierung Kanadas ein und gründete 1608 die Stadt Québec.

Praktische Hinweise

Information: Office de Tourisme, rue de Québec, Brouage, Tel./Fax 05 46 85 19 16

Restaurant

Le Brouage, rue de Québec, Tel. 05 46 85 03 06. Das Lokal in der Hauptstraße serviert reichhaltige Menüs zu moderaten Preisen.

15 Marennes

Heimat der grünen Marennes-Auster.

Mitten in einem bedeutenden Austernzuchtgebiet, einer flachen, von Kanälen und aufgegebenen Salinen durchzogenen Landschaft am Mündungstrichter der Seudre liegt das 5000-Seelen-Städtchen Marennes. Schon von weitem sieht man den 85 m hohen gotischen Top Tipp **Clocher**, den Glockenturm der *Église St-Pierre-de-Sales*. Umgekehrt bietet sich bei klarem Wetter von der balustradengesäumten Galerie in 55 m Höhe ein herrlicher Ausblick auf die vorgelagerten Inseln Oléron und Aix, das Fort Boyard, Brouage und die von oben wie Patchwork wirkenden Austernbecken.

Wer sich über die Zucht der berühmten Auster **Marennes-Oléron** anschaulich informieren möchte, kann im Touristenbüro im Zentrum des kleinen Ortes einen Videofilm darüber betrachten oder, vorbei an dem pittoresken Jachthafen, auf die gut 3 km lange Landzunge **La Cayenne** hinausfahren. Die Strecke ist gesäumt von den bunten Hütten der Muschelzüchter (Dégustation). An der Landspitze werden **Bootsfahrten** angeboten: Bei Ebbe geht es zu den Austerngärten im Mündungsbereich der Seudre, bei Flut macht man eine ausgedehnte Rundfahrt Richtung Île d'Oléron.

Südlich von Marennes erstreckt sich entlang der Küste der herrliche Kiefern- und Eichenwald **Forêt de la Coubre**, den man auf Reit-, Wander- und Radwegen am schönsten erleben kann.

Harte Schale, weicher Kern

45 % der französischen Austernproduktion, etwa 5000 t jährlich, stammen aus den **Bassins** *um* **Marennes**. *Sie werden von salzigem Meerwasser überflutet, erhalten aber durch die Flüsse Charente, Seudre und Gironde auch Süßwasser. So entsteht ein für Austern ideales, nur mäßig salzhaltiges Milieu.*

Austernzucht ist mühevolle **Handarbeit**. *Zuerst werden Ziegel oder Muscheln an Drähten aufgereiht ins Meer gebracht, damit sich die im Wasser schwebenden Austernlarven daran festsetzen können. Sind sie nach einem Jahr herangereift, löst man sie von den Strängen und setzt sie in Zuchtbecken, später in Mastparks um. Gut* **vier Jahre** *benötigt eine Muschel, bis sie zum Verzehr reif ist. Im Laufe dieser Zeit muss sie bis zu 40 Mal bearbeitet, d. h. von Schlick gesäubert, sortiert und umgesetzt werden.*

Ursprünglich kultivierte man in der Mündung der Seudre und vor der Ostküste der Île d'Oléron die delikate **Huître plate**, *die ›flache Auster‹, heute dominiert die widerstandsfähigere japanische* **Creuse**. *Die Besonderheiten der* **Marennes-Oléron Austern** *sind ihr leichter Nussgeschmack und der grünliche Schimmer der Austernkiemen. Dieser entsteht durch die Navicule Bleue, eine Algenart, die in den Claires – flachen, dem Gezeitenwechsel unterworfenen Becken – lebt und von der sich die Austern ernähren. Als* **Fines de Claires** *kommt die Delikatesse in den Handel.*

Praktische Hinweise

Information: Office de Tourisme, place Chasseloup-Laubat, Marennes, Tel. 05 46 85 04 36, Fax 05 46 85 14 20

Restaurant

La Verte Ostrea, port de La Cayenne, Marennes, Tel. 05 46 85 36 00. Beliebtes Restaurant am Ende der Landnase, in dem Muscheln, Austern und Meeresgetier frisch serviert werden (So abend und Mo geschl.).

16 Île d'Oléron

Plan Seite 55

Ferieninsel par excellence.

Die mit 175 km² nach Korsika zweitgrößte europäische Insel Frankreichs ist besonders bei Familien und Campern beliebt, bietet sie doch viel Abwechslung: schöne Sandstrände, Wäldchen, schmucke Dörfer, im Süden mediterrane Vegetation mit Mimosen, Oleander und Palmen, im Osten Weinfelder und Austerngärten. Etwa 18 000 Menschen leben hier, rund 200 000 Sommergäste heißt man jedes Jahr willkommen. Die 30 km lange und bis zu 6 km breite Insel ist seit 1966 über die knapp 3 km lange, inzwischen kostenlos befahrbare Brücke **Viaduc d'Oléron** 1 von Marennes aus per Auto zu erreichen.

Durch *Aliénor d'Aquitaine* kam Oléron 1154 an England und blühte durch Wein- und Salzhandel auf. Aliénor zog sich Ende des 12. Jh. auf das Eiland zurück und erließ zum Schutz gegen überhand nehmende Piraterie die **Rôles d'Oléron**, eines der ersten abendländischen Seerechte, das zehn Artikel umfasste. In den Religionskriegen stand die Insel auf Seiten der Hugenotten. Der katholische Sieger Richelieu ließ 1630 aus strategischen Gründen auf einem Felsplateau über dem Ort **Château d'Oléron** 2 an der Südostküste eine Zitadelle erbauen, die Vauban im 17. Jh. modernisierte. Von der Brücke kommend sieht man die noch heute mächtigen Mauern rechts über dem Hafen von Oléron. Wehrmauern und Bastionen umschließen das gesamte Städtchen, auf dessen zentraler *Place de la République* sich an Markttagen lebhaftes Treiben entfaltet.

Nordwestlich von Château d'Oléron beginnt die **Route des Huîtres** 3, die Austernstraße. Sie schlängelt sich an der Ostküste durch eine reizvolle, von

Schmuck und aufgeräumt präsentiert sich die Île d'Oléron ihren Besuchern, wie beispielsweise hier am Canal d'Arceau nahe heimischer Austernbecken

Auf dem Kanal von Boyardville vergnügen sich im Sommer Segler ebenso wie die Besitzer von Motorbooten. Und wer höhere Wellen bevorzugt, hat es nicht weit zum Meer

Kanälen und früheren Salzgärten geprägte Landschaft. Die Szenerie ändert sich unweit des lebhaften Badeorts **Boyardville** 4, der hübsch an einem Schiffskanal liegt. Zur Beliebtheit des Ferienzentrums tragen auch ein großer Jachthafen, drei schöne Sandstrände und der sich nördlich anschließende dichte Wald *Forêt des Saumonards* bei. Eine Schmalspurbahn verkehrt zwischen dem Ortszentrum und den Stränden. Beim Baden im Atlantik sollte man die starken Strömungen nicht unterschätzen.

Weit draußen im Meer, vor dem feinen Sandstrand *Grandes Sables,* ist das klotzige **Fort Boyard** 5 zu sehen. Diese eigenwillig in Form einer Ellipse konstruierte Seebastion ist 68 m lang, 31 m breit und 28 m hoch. 1804 begonnen, war das Fort bereits vor Fertigstellung aufgrund der Weiterentwicklung der Waffentechnik als Schutz für das Festland überflüssig geworden und diente lange als Gefängnis. Ab Boyardville werden Bootsausflüge angeboten, bei denen man das trutzige Fort umrunden kann, Anlegen ist jedoch nicht möglich.

Im Norden locken kleine Hafenorte wie *Plaisance*, *Le Douhet* oder *La-Bréeles-Bains* mit schönen Stränden. **St-Denis-d'Oléron** 6 mit romanischer, nach Zerstörung in den Religionskriegen wieder aufgebauter Kirche hat sich mit Campingplätzen und großem Jachthafen zu einem gern besuchten Urlaubsziel entwickelt. Hauptanziehungspunkt im äußersten Norden der Insel ist der **Phare de Chassiron** 7 (tgl. 10–12 und 14–19, im Winter bis 17 Uhr). Der Leuchtturm bietet aus 50 m Höhe ein schönes Panorama über Insel, Meer und Festlandsküste.

Die ausgesprochen reizvolle, stellenweise felsige Westküste der Île d'Oléron ist dem Atlantik ungeschützt ausgesetzt und wird daher **Côte Sauvage** 8, ›wilde Küste‹, genannt. Sie ist ein beliebtes Revier für Surfer und verfügt auch über ausgezeichnete Sandstrände.

Zum Einkaufen und Bummeln kommen die meisten Urlauber in den angenehm geschäftigen Hauptort **St-Pierre d'Oleron** 9 (5000 Einw.) in der Inselmitte. An der zentralen *Place Camille-Memain* erhebt sich der 25 m hohe Säulenturm **Lanterne des Morts**, im späten 12. Jh. zum Andenken an die Verstorbenen errichtet. Über eine Innentreppe kann man bis in die Spitze klettern, dort wurde früher ein Feuer für die Toten entzündet. Literarisch Interessierte suchen die **Maison des Aieuiles** in der Rue Pierre Loti Nr. 13 auf (keine Innenbesichtigung), wo der Schriftsteller Pierre Loti (1850–1923) häufig seine Ferien verbrachte und in deren Garten er auch begraben wurde. Wenige Schritte entfernt informiert das **Musée Aliénor d'Aquitaine** (Mitte Juni–Mitte Sept. tgl. 10–12 und 14–18 Uhr) über Geschichte und Besonderheiten der Île d'Oléron. Man sieht ein Modell des Fort Boyard, die Reproduktion einer Statue von Aliénor d'Aquitaine, Fotos und Briefe von Pierre Loti sowie die inseltypische Haube *Quichenotte*. Diese weit vorkragenden Kopfbedeckungen sollten angeblich die Gesichter der Damen vor Sonne und anderen Zudringlichkeiten schützen. *Kiss not* nannten sie die Engländer, woraus sich das französische Wort entwickelt haben soll.

Einige Kilometer südlich von St-Pierre lädt der **Parc Ornithologique du Marais aux Oiseaux** ⑩ an der D 734 zu einem naturkundlich interessanten Besuch ein (tgl. 9.30–20 Uhr). Das etwa 10 ha umfassende Naturschutzgebiet dient rund 60 Vogelarten, von Schnepfen und Rallen bis zu Raubvögeln, als Heimat.

Der Süden von Oléron verfügt über wunderschöne Sandstrände: vom *Vert-Bois* im Westen, von dem aus man traumhafte Sonnenuntergänge genießen kann, über die lange *Grand-Village-Plage* bis zum Strand von St-Trojan im Osten, bis zur *Plage de Gatseau*, an der man allerdings nur bei Flut baden kann. **St-Trojan-les-Bains** ⑪ ist ein lebhafter Bade- und Kurort (Meerwassertherapie). Sein gepflegter, 200 ha großer Stadtwald *Forêt de St-Trojan* lädt zum Wandern ein, man kann ihn aber auch an Bord der kleinen Bahn *Tramway touristique* durchqueren.

Eine besondere Sehenswürdigkeit Olérons ist der **Port des Salines** ⑫ nordwestlich von St-Trojan im Inland bei Grand-Village. Dort wird in restaurierten Salinen wieder Salz gewonnen. Das kleine, feine heimatkundliche *Musée Port des Salines* (Ostern–Sept. tgl. 10–12.30 und 14–20 Uhr) informiert über die Salzproduktion, die Baugeschichte von Fort Boyard und über die auf der Insel gebräuchlichen, gemauerten Fischschleusen.

Praktische Hinweise

Information: Maison du Tourisme, route du Viaduc (zu Beginn der Brücke auf dem Festland), Bourcefranc, Tel. 05 46 85 65 23, Fax 05 46 85 68 96. – Office de Tourisme, place de la République, Château d'Oléron, Tel. 05 46 47 60 51, Fax 05 46 47 73 65

Camping

** **Les Remparts**, Château d'Oléron, Tel. 05 46 47 61 93, Fax 05 46 47 73 65. Der schattige Platz liegt zentrumsnah und teilweise auf dem Wall.

Hotels

Atlantic, rue de la Sablière, La Ménounière (4 km westlich von St-Pierre), Tel. 05 46 47 07 09, Fax 05 46 47 28 49. In Strandnähe gelegenes, ruhiges Ferienhotel mit Restaurant und Garten.

L'Ecailler, 65, rue du Port, La Cotinière, Tel. 05 46 47 10 31, Fax 05 46 47 10 23. Das Haus mit Blick auf den Fischerhafen bietet sehr gepflegte, komfortable

Zimmer. Das Restaurant ist für gute Fischgerichte (Rochenflügel) und Meeresfrüchte bekannt.

Restaurants

Le Petit Coivre, D 734, St-Pierre, Tel. 05 46 47 44 23. In dem exquisiten Restaurant wird überwiegend Fisch serviert – gekocht, gegrillt, gebacken – stets delikat. Reservierung ratsam.

Le Relais des Salines, Port des Salines, Grand-Village, Tel. 05 46 75 82 42. Inmitten von Salinenbecken liegt das rustikale Restaurant, in dem Fische, Austern und anderes Meeresgetier abwechslungsreich zubereitet werden.

17 Royan

Wie Phoenix aus der Asche entstand die Stadt neu aus ihren Trümmern.

Feine Sandstrände, hier *Conches* genannt, und die benachbarte **Côte de Beauté**, die ›Küste der Schönheit‹, locken seit dem 19. Jh. Urlauber in die hübsch am Nordufer der Girondemündung gelegene Stadt (17 000 Einw). Von den mondänen Villen und Hotels der Belle Époque, die das Seebad noch Anfang des 20. Jh. prägten, sind aber nur wenige im westlichen Ortsteil *Pontaillac* erhalten. Grund dafür ist, dass britische Bomber Royan im Zweiten Weltkrieg bei einem irrtümlichen Angriff fast vollständig zerstörten. Den damaligen Kriegsereignissen und ihren Folgen für die Stadt ist das *Musée Historique de la Poche de Royan* in Gua, 10 km nördlich von Royan, gewidmet (tgl. 10–12 und 14–18 Uhr).

Die Stadt wurde nach 1945 im Stil der 50er-Jahre wieder aufgebaut. Erfolgreich versucht man in Royan, das eher kantige Stadtbild durch Parks und Blumenrabatten zu beleben. Wahrzeichen ist der 65 m hohe, halbrunde Turm der **Église Nôtre-Dame**, die 1955–58 im Stadtzentrum ebenfalls in Betonbauweise errichtet wurde.

Nichtsdestotrotz ist Royan einer der gefragtesten Badeorte an der französischen Atlantikküste. Das liegt nicht zuletzt an der **Grande Conche** im Südosten der Stadt, einem 3 km langen, selbst bei Flut noch 50 m breiten Sandstrand, sowie an dem umfangreichen Sport- und Veranstaltungsangebot. Reizvoll ist auch ein Bummel über die Strandpromenade zum großen Jacht- und Fischerhafen an der weiten Girondemündung, in dessen Nähe die Autofähre zur Pointe de Grave [s. S. 87] ablegt. Nur ein felsiges Kap trennt die Gemeinde Royan hier von der gemütlicheren Nachbarstadt **St-Georges-de-Didonne** mit ebenfalls ausgezeichnetem Sandstrand.

Ungewöhnlicher Blickfang in Beton – die moderne Église Notre-Dame wurde wie beinahe ganz Royan nach dem Zweiten Weltkrieg neu erbaut

Ausflüge

Bei klarer Sicht kann man 11 km westlich vor Royan im Meer den 66 m hohen **Phare de Cordouan** ausmachen, den 1584–1611 erbauten und somit dienstältesten Leuchtturm Frankreichs, der seit 1862 unter Denkmalschutz steht. Man betritt den von einem steinernen Sockel vor der Brandung geschützten Turm durch ein monumentales Renaissanceportal. Über eine elegante Wendeltreppe erreicht man den 1. Stock mit dem in schwarz-weißem Marmor gehaltenen, mit Steinmetzarbeiten geschmückten *königlichen Appartement* Maria Theresas und Louis' XIV. Den 2. Stock nimmt die von einer blau bemalten Kassettenkuppel überwölbte Kapelle *Notre-Dame de Cordouan* mit Glasfenstern aus dem 17. Jh. ein. Wer die fünf weiteren Etagen über knapp 300 Stufen bis zur Spitze hinaufsteigt, wird mit einem weiten Blick über die Girondemündung bis nach Royan und zu den Sandstränden der südlichen Silberküste belohnt. Man erreicht den Leuchtturm in einem etwa dreistündigen Ausflug ab Royan (Tel. 05 46 39 05 55) oder ab der Pointe de Grave [s. S. 87].

Sehr beliebt ist auch ein Abstecher in das nordwestlich von Royan gelegene Ferienzentrum **La Palmyre** an der schönen Bucht *Bonne Anse*, die eine über 4 km lange, sandige Nehrung schützt. Weit über die Region hinaus ist der in einem Kiefern- und Eichenwald auf 14 ha reizvoll angelegte **Zoo de la Palmyre** (April–Sept. tgl. 9–19 Uhr, sonst 9–12 und 14–18 Uhr) bekannt, in dem Affen, Eisbären, Giraffen, Selöwen und farbenprächtige Papageien zu bestaunen sind, um nur einen Teil der zahlreichen Tierparkbewohner zu nennen.

Formvollendete Schönheit offenbart der Treppenaufgang des Phare de Cordouan

Praktische Hinweise

Information: Office du Tourisme, rond-point de la Poste, Royan, Tel. 05 46 05 04 71, Fax 05 46 06 67 76, Internet: www.ot-royan.fr.

Schiff

Bac Royan–Le Verdon, Tel. 05 46 38 35 15. Die Überfahrt mit der Autofähre dauert 30 Min.

Hotel

Belle-Vue, 122, avenue de Pontaillac, Royan, Tel. 05 46 39 06 75, Fax 05 46 39 44 92. Das Haus liegt reizvoll an einer in die Steilküste eingeschnittenen Bucht mit 600 m langem Sandstrand.

Restaurant

Le Chalet, 6, boulevard de la Grandière, Royan, Tel. 05 46 05 04 90. Empfehlenswertes Lokal mit regionaler Küche, z. B. Lammkeule mit weißen Bohnen.

Trockenen Fußes kommt man nicht zum Phare de Cordouan. Die letzten Meter heißt es ›Die Röcke raffen und waten!‹ ▷

Ferien mal anders – die Höhlenwohnungen von Meschers-sur-Gironde sind überraschend komfortabel, und der weite Blick über den Fluss ist im Preis inbegriffen

18 Meschers-sur-Gironde

Traumhaftes Wohnen in den Steilfelsen.

Auf einem Kalkplateau im Norden hoch über der Girondemündung liegt der kleine Ort, der wegen seiner **Höhlen** im Steilufer berühmt wurde. Durch Erosion entstanden, dienten die Grotten bereits in prähistorischer Zeit als Wohnstätten, in späteren Jahrhunderten suchten hier Schmuggler und Piraten, während der Glaubenskriege verfolgte Protestanten Zuflucht. Heute werden die vom Landesinnern aus unsichtbaren Höhlen – modern ausgebaut – als Ferienapartments genutzt. Öffentlich zugänglich sind die **Grottes de Matata** sowie die **Grottes de Régulus**, in der ein kleines Museum das Leben in einer Höhlenwohnung veranschaulicht (Juli/Aug. tgl. 10–12.30 und 14–19.15, sonst tgl. 14–18.45 Uhr).

Ausflug

Südlich von Meschers sieht man das romanische Kirchlein **Ste-Radegonde-de-Talmont** zauberhaft auf dem Steilufer über der Gironde thronen. Zwar fiel das Langhaus einem Hochwasser zum Opfer, doch Querschiff und Chor mit drei Apsiden (12. Jh.) blieben erhalten.

Praktische Hinweise

Hotel

TOP TIPP **Les Grottes de Matata**, boulevard de la Falaise, Tel. 05 46 02 70 02, Fax 05 46 02 78 00. Wunderschön in die Steilklippe gebautes Hotel. Die Zimmer haben Ausblick auf die Gironde – traumhaft bei Sonnenuntergang.

19 Saintes

Amphitheater und Votivbogen – römische Geschichte aus erster Hand.

Die schöne Lage an der gemächlich dahinfließenden Charente, das gemütliche, im Stil des 17./18. Jh. geprägte Zentrum und die vielen Baudenkmäler aus römischer und frühchristlicher Zeit machen die Kleinstadt (28 500 Einw.) zu einem der beliebtesten Ziele in der Saintonge.

Geschichte Zwar verdankt Saintes den in vorchristlichen Jahrhunderten in der Region ansässigen Santonen seinen Namen, doch eigentlich ist es eine römische Gründung. Um 20 n. Chr. wird *Mediolanum Santonum* als Endpunkt einer wichtigen, von Lyon kommenden Römerstraße erstmals erwähnt. Kurze Zeit war der Ort sogar Hauptstadt Aquitaniens, ehe Poitiers und Bordeaux der Vorrang gegeben wurde. Die Wikinger wüteten im 9. Jh. schwer in der Stadt, die im Mittelalter zum Zankapfel in dem

Konflikt zwischen Plantagenêts und Capetingern wurde. Auch in den Religionskriegen hatte das protestantische Saintes sehr zu leiden. Im 18. Jh. kam das rührige Städtchen jedoch mit Textilherstellung sowie Cognac- und Weinhandel zu Wohlstand.

Angenehme Proportionen kennzeichnen das Stadtbild von Saintes auch von oben

Besichtigung An die einst bedeutende gallo-römische Siedlung erinnert der mächtige **Arc de Germanicus** ❶ im Stadtzentrum am rechten Charenteufer. Wie aus einer Inschrift hervorgeht, hatte ein gewisser Gaius Julius Rufus das monumentale Doppeltor 18/19 n. Chr. zu Ehren von Kaiser Tiberius und dessen Söhnen Germanicus und Drusus errichten lassen. Es stand ursprünglich auf einer Brücke über den Fluss, die jedoch 1848 abgerissen wurde. Damals veranlasste Prosper Mérimée, der ›Denkmalschützer des 19. Jh.‹, die Verlegung des Bogens an seinen heutigen Standort.

Im südlich anschließenden **Musée Archéologique** ❷ (Di–Sa 10–12 und 14–18 Uhr, So 15–18 Uhr, im Winter bis 17.30 Uhr) kann man Reliefs, Grabstelen und weitere Funde aus der römischen Vergangenheit von Saintes bewundern. Unmittelbar hinter dem Museum beginnt der hübsch angelegte **Jardin Public** ❸, in dem man unter schattigen Bäumen spazieren und auf gepflegten Rasenflächen picknicken kann.

Über die Rue Arc de Triomphe ostwärts gelangt man zu einer der kunstvollsten romanischen Kirchen der Saintonge, der zum 1047 gegründeten Benediktinerinnenkonvent gehörenden **Ste-Marie-aux-Dames** ❹. Man erkennt sie leicht an dem spitzkegeligen Turm über der Vierung. Ihre zweigeschossige Fassade mit dem herrlichen, überreich skulptierten Portal ist ein Meisterwerk romanischer Steinmetzkunst. Acht Bögen überspannen den Eingang, im zweiten Bogenband sind das Lamm Gottes und die vier Evangelisten dargestellt, im fünften der Kindermord zu Bethlehem.

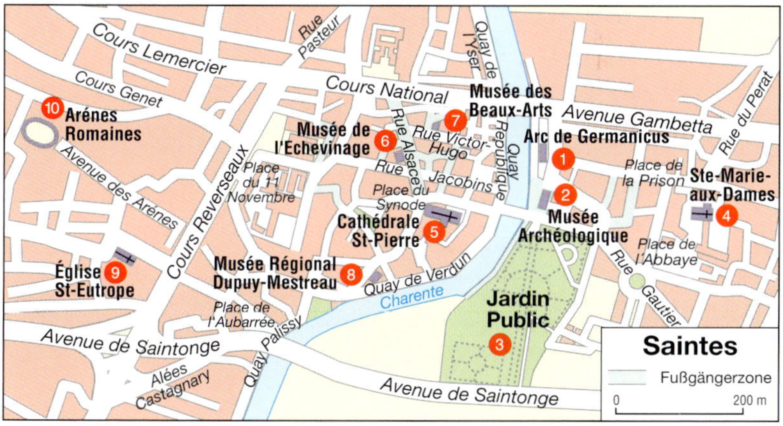

◁ *Romanische Bilderwelt vom feinsten umgibt den Portalbogen von Ste-Marie-aux-Dames*

Die angrenzenden Klostergebäude (17./18. Jh.) nutzen ein Konservatorium und die *Académies Musicales de Saintes*, die im Juli Konzerte mit historischer Musik und Instrumenten veranstalten.

Wieder zurück am Fluss, blickt man von der angenehm schattigen Promenade am Musée Archéologique auf das gegenüberliegende Ufer und den Westteil der Stadt. Ihn bestimmt der 72 m hohe Glockenturm der **Cathédrale St-Pierre** 5. Ab 1117 erbaut, ist sie eine der wenigen gotischen Kirchen der Saintonge. Die Skulpturen des reich verzierten Westportals sind leider nur teilweise erhalten, ebenso der Kreuzgang aus dem 13./14. Jh. Westlich der Kathedrale beginnt das untertags quirlige Geschäftszentrum, in dem auch das elegante alte Rathaus aus dem 16. Jh. mit seiner im 18. Jh. entstandenen Fassade liegt. In dem Gebäude zeigt das **Musée de l'Echevinage** 6 (Di–Sa 10–12 und 14–18, So 15–18 Uhr) Sèvres-Porzellan sowie Gemälde aus dem 19. und 20. Jh., wobei neoklassizistische Werke ebenso vertreten sind wie impressionistische. Die nordöstlich gelegene Dependance **Musée des Beaux-Arts** 7 in der Rue Victor-Hugo stellt Malerei des 15.–17. Jh. aus, vornehmlich der flämischen und niederländischen Schule, sowie Keramik aus der Saintonge (16. Jh.) von Bernard Palissy, der das Emaillieren zur Meisterschaft brachte. Trachten, Schmuck, Keramik, Stiche, eine Galionsfigur und Schiffsmodelle kann man bei einer Führung durch das **Musée Régional Dupuy-Mestreau** 8 entdecken (Di–So 14.30, 15.30 und 16.30, So auch

Seltenheitswert besitzt der römische Arc de Germanicus aus dem 1. Jh. n. Chr. am Ufer der Charente; sogar die Weihetafeln an den Innenseiten der Bögen sind noch zu lesen

Relativ schmucklos gibt sich der helle Innenraum der Cathédrale St-Pierre, doch Spitzbögen und schlanke Fensteröffnungen verweisen auf ihren gotischen Ursprung

11 Uhr). Mit seinen Kassettendecken und Tapisserien ist auch das Palais von 1738 sehenswert, in dem die bunte Sammlung 1920 untergebracht wurde.

Sehr interessant ist die jenseits der Cours Reverseaux, westlich der eigentlichen Altstadt etwas erhöht gelegene romanische **Église St-Eutrope** 9. Mönche aus Cluny bauten sie im 9.–12. Jh., jedoch sind von der 1096 geweihten Wallfahrtskirche nur Chor, Querschiff und Krypta erhalten. Letztere entstand bereits im 4. Jh. und verfügt über fantastisch gearbeitete *Kapitelle* sowie den noch auf römische Zeit zurückgehenden *Sarkophag* des hl. Eutropius, des Missionars der Saintonge.

Von hier ist es nicht weit zu dem in seiner Anlage noch gut erkennbaren Amphitheater, den **Arénes Romaines** 10 aus dem 1. Jh. n. Chr. (April–Sept. tgl. 9–19, sonst Di–So 9.30–12 und 14–17 Uhr). Das 126 x 102 m messende Oval bot seinerzeit 20 000 Zuschauern Platz, Indiz für die Größe und Bedeutung von Saintes während der Römerzeit.

Praktische Hinweise

Information: Office de Tourisme, Villa Musso, 62, cours national, Saintes, Tel. 05 46 74 23 82, Fax 05 46 92 17 01, www.ot-saintes.fr

Hotel

Des Messageries, rue des Messageries, Tel. 05 46 93 64 99, Fax 05 46 92 14 34, Internet: www.hotel-des-messageries.com. Ansprechendes Hotel in der Fußgängerzone.

Restaurant

Le Jardin du Rempart, 36, rue du Rempart, Tel. 05 46 93 37 66. Freundlicher Service und gute Gerichte für jeden Geldbeutel. Reservieren ratsam.

20 Cognac

Die Heimat des international bekannten und hochprozentigen ›Göttergetränks‹.

Lieblich, hügelig, bedeckt mit Wiesen und Weinfeldern ist die Landschaft, in der die weltberühmte Kleinstadt (20 000 Einw.) an der Charente liegt. Beschaulich wirkt der alte Stadtteil **Vieux Cognac**, der sich vom mächtigen Stadttor **Porte St-Jacques** (1499–1500) am Fluss bis hinauf zur **Église St-Léger** mit ihrer romanischen Fassade und der schönen spätgotischen Rosette über dem Hauptportal zieht. Schmale Gässchen mit Kopfsteinpflaster, gesäumt von alten Fachwerkhäusern, laden zum Bummeln ein.

Die meisten Besucher kommen nach Cognac, um die riesigen Weinlager (*Chais*) mit den schier endlosen Fassreihen zu bestaunen und den ganz eigenen Duft verdunstenden Alkohols zu schnuppern, denn das Städtchen ist die Heimat des gleichnamigen, weltbekannten **Weinbrands**. Den Alkoholdämpfen ist übrigens die leicht graue Patina zu verdanken, die Altstadthäuser, Lagerhallen und Gemäuer überzieht. Es handelt sich dabei um winzige Pilze, die sich vom *Part des Anges* ernähren, dem ›Anteil der Engel‹, wie man den flüchtigen Dunst poetisch nennt.

Knapp ein Dutzend Destillerien laden zu Führungen ein, darunter so renommierte wie *Hennessy* und *Rémy-Martin*. Besonders interessant ist eine Besichtigung bei **Otard** (Tel. 05 45 36 88 86), das den Firmensitz im **Château des Valois** (13.–16. Jh.) hat, in dem 1494 der spätere König François I. geboren wurde († 1547). Bei einem Rundgang erfährt man nicht nur Wissenswertes über die Cognac-Herstellung, sondern sieht auch die Kapelle, in der der kleine François getauft wurde, die strenge *Salle du Casque* aus dem 13. Jh., sowie einen hübschen Renaissance- und Ständesaal.

Der lokalen Kunst, Volkskunde und Archäologie ist das **Musée de Cognac** am Boulevard Denfert Rochereau gewidmet (Juni–Sept. tgl. 10–12 und 14–18, Okt.–Mai Mi–Mo 14–17.30 Uhr). Es zeigt eine Piroge aus der Jungsteinzeit, Gemälde, Skulpturen und Kunstgegenstände des 13.–20. Jh., ferner Hausrat und Trachten mit den hier traditionellen Hauben. Außerdem informiert die Sammlung über Herstellung und Handel von Cognac.

Praktische Hinweise

Information: Office de Tourisme, 16, rue du XIV. Juillet, Cognac, Tel. 05 45 82 10 71, Fax 05 45 82 34 47, www.tourism-cognac.com

Cognac-Hersteller

Hennessy, rue de la Richonne, Tel. 05 45 35 72 68. Zu besichtigen

Das Verkosten des jahrelang gelagerten Weinbrandes ist eine Kunst, die Sachverstand, Übung und eine – im wahrsten Sinne des Wortes – gute Nase verlangt

Was lange währt, wird endlich gut! Erst nach einem halben Jahrhundert entfaltet stilvoll in Eichenfässern gelagerter Cognac sein volles reiches Geschmacksaroma

Kleine Cognac-Kunde

Bereits im 3. Jh. wurde an der Charente Wein angebaut und nach Nordeuropa exportiert. Er war aber leider nach den langen Transporten kaum mehr genießbar. Im 17. Jh. kamen findige Briten auf den Gedanken, den Wein zu destillieren, um ihn haltbarer zu machen; das Resultat nannten sie **Brandwine**. *Als im 18. Jh. ein Winzer darauf verfiel, das erste Destillat noch einmal zu brennen und es anschließend – wahrscheinlich aus Vergesslichkeit – mehrere Jahre in Eichenfässern ruhen ließ, war der Cognac geboren.*

Auf den Weinfeldern der Region Cognac wird überwiegend die weiße Rebsorte **Ugni Blanc** *angebaut, die Wein mit hohem Säure- und geringem Alkoholgehalt ergibt. Nach dem Gären wird der junge Wein in zwei Durchläufen* **destilliert**, *erst dann folgt der wohl wichtigste Vorgang der Cognac-Herstellung, der* **Verschnitt**. *Dabei werden verschiedene Weinlagen und Jahrgänge vermischt, um den spezifischen Geschmack der jeweiligen Marke zu kreieren. Nach 2–3 Jahren Lagerung in Eichenfässern ist der Cognac trinkreif, längere Lagerung veredelt ihn. Nach etwa 50 Jahren ist ein Cognac optimal ausgereift.*

Die Auszeichnungen **VS** *oder *** darf ein Cognac tragen, dessen jüngster Weinbrand mindestens 4 1/2 Jahre alt ist,* **VSOP** *(very superior old pale) oder* **Réserve**, *wenn der jüngste Weinbrand zwischen 4 1/2 und 6 1/2 Jahren alt ist. Die Bezeichnungen* **Napoléon**, **XO** *und* **Hors d'Age** *wiederum sind Bränden vorbehalten, deren jüngster enthaltener Weinbrand mindestens 6 1/2 Jahre alt ist.*

sind die ausgeklügelten Lager und ein kleines Böttchermuseum.

Martell, place Edouard Martell, Tel. 05 45 36 33 33. Das 1715 gegründete und somit älteste Cognac-Unternehmen ist stolz auf seine Tradition.

Rémy-Martin, Merpins, (5 km westlich von Cognac), Tel. 05 45 35 76 66. Besucher werden mit einem Mini-Zug durch das weitläufige Gelände gefahren (deutschsprachige Führung; Reservierung empfohlen).

Hotels

Le Moulin de Cierzac, Cierzac (12 km südlich von Cognac), Tel. 05 45 83 01 32, Fax 05 45 83 03 59. Idyllisch gelegenes Hotel mit Restaurant in einer Mühle des 18. Jh. am Fluss.

Les Pigeons Blancs, 110, rue Jules-Brisson, Tel. 05 45 82 16 36, Fax 05 45 82 29 29. Heimeliges Hotel mit nur 6 Zimmern in dem hübsch restaurierten Gebäude einer einstigen Posthalterei aus dem 17. Jh.

Bordeaux und Gironde – im Land der großen Weine

Die elegante Hauptstadt der Region Aquitaine und des Département Gironde, **Bordeaux,** ist blühendes Verwaltungs- und Handelszentrum, Bischofssitz und Universitätsstadt. Ihre von klassizistischen Gebäuden geprägte Altstadt erstreckt sich am linken Ufer der Garonne, an der auch der geschäftige Hafen liegt – immerhin nach Marseille Frankreichs zweitwichtigster Anleger für Kreuzfahrtschiffe. Von enormer wirtschaftlicher Bedeutung sind die außerhalb gelegenen Frachthäfen, in denen vor allem Wein aus dem Umland, dem *Bordelais*, verschifft wird.

Das sanft hügelige Weinanbaugebiet zwischen den Flüssen Dordogne und Garonne wird als **Entre-Deux-Mers** bezeichnet. Inmitten der Rebfelder liegt an den Ufern der Dordogne der malerische Winzerort **St-Emilion**. Auch die herrschaftlichen Güter und mittelalterlichen Burgen entlang der Garonne lohnen einen Besuch, etwa das Wasserschloss **La Brède**, in dem 1689 Charles de Montesquieu geboren wurde.

Die renommiertesten Bordeaux-Weine werden im **Médoc** erzeugt, auf der Halbinsel zwischen Gironde und Atlantik. Weiter südlich lockt die **Côte d'Argent**, die rund 200 km lange ›Silberküste‹, Sonnenanbeter und Surfer mit schier endlosen, feinsandigen Stränden und tosender Atlantikbrandung. Attraktive Binnenseen wie der **Lac d'Hourtin et de Carcans** in ausgedehnten Kiefernwäldern bieten ebenfalls ausgezeichnete Bade- und Wassersportmöglichkeiten. Ihren landschaftlichen Höhepunkt erreicht die Côte d'Argent südlich von **Arcachon** bei der **Dune du Pilat**, der mit 114 m höchsten Wanderdüne Europas.

21 Bordeaux *Plan Seite 66/67*

Kosmopolitische Weinmetropole.

Klassizistische Prachtbauten, mehrstöckige Weinlagerhäuser aus dem 18. Jh. und weite, offene Plätze sind charakteristisch für die fünftgrößte Stadt des Landes (215 000 Einw.) und das wirtschaftliche Zentrum Südwestfrankreichs (630 000 Einw. im Großraum). Zu der aufgeschlossenen Atmosphäre in Bordeaux tragen nicht nur die 60 000 Studenten der Universität bei, auch Händler und Seeleute aus aller Welt prägen das Bild der traditionsreichen Hafenstadt an der Garonne. Die großen Frachter werden heute freilich im 90 km flussabwärts errichteten Außenhafen *Le Verdon* an der Mündung der Gironde beladen und gelöscht. Aber im halbmondförmigen Flusshafen **Port de la Lune** inmitten der Stadt legt eine wachsende Zahl von internationalen Kreuzfahrtschiffen an. Immerhin gibt es für Landgänger einiges zu entdecken und sie ersparen sich die Anfahrt über ausgedehnte Neubauviertel und Autobahnringe.

Geschichte Kelten und Römer gründeten vor rund 2000 Jahren **Burdigala**, eine rege Handelsstadt, die im 1. Jh. n. Chr. bereits 25 000 Einwohner zählte. Reste des römischen Amphitheaters und der Wein erinnern an diese Epoche: Um 50 n. Chr. pflanzten Römer die ersten Rebstöcke auf dem Stadtgebiet.

Auch in westgotischer Zeit, im 6./7. Jh., blieb Bordeaux ein bedeutendes regionales Zentrum, wurde sogar Hauptstadt des Herzogtums von Aquitanien. Durch die Heirat Aliénors d'Aquitaine mit dem späteren englischen König Henri Plantagenêt (1152) kam Bordeaux 1154 an die **britische Krone**. Die fol-

◁ *Tradition verpflichtet – Château Pichon-Longueville im Médoc genießt als Heimat eines großen Weines internationales Renomée*

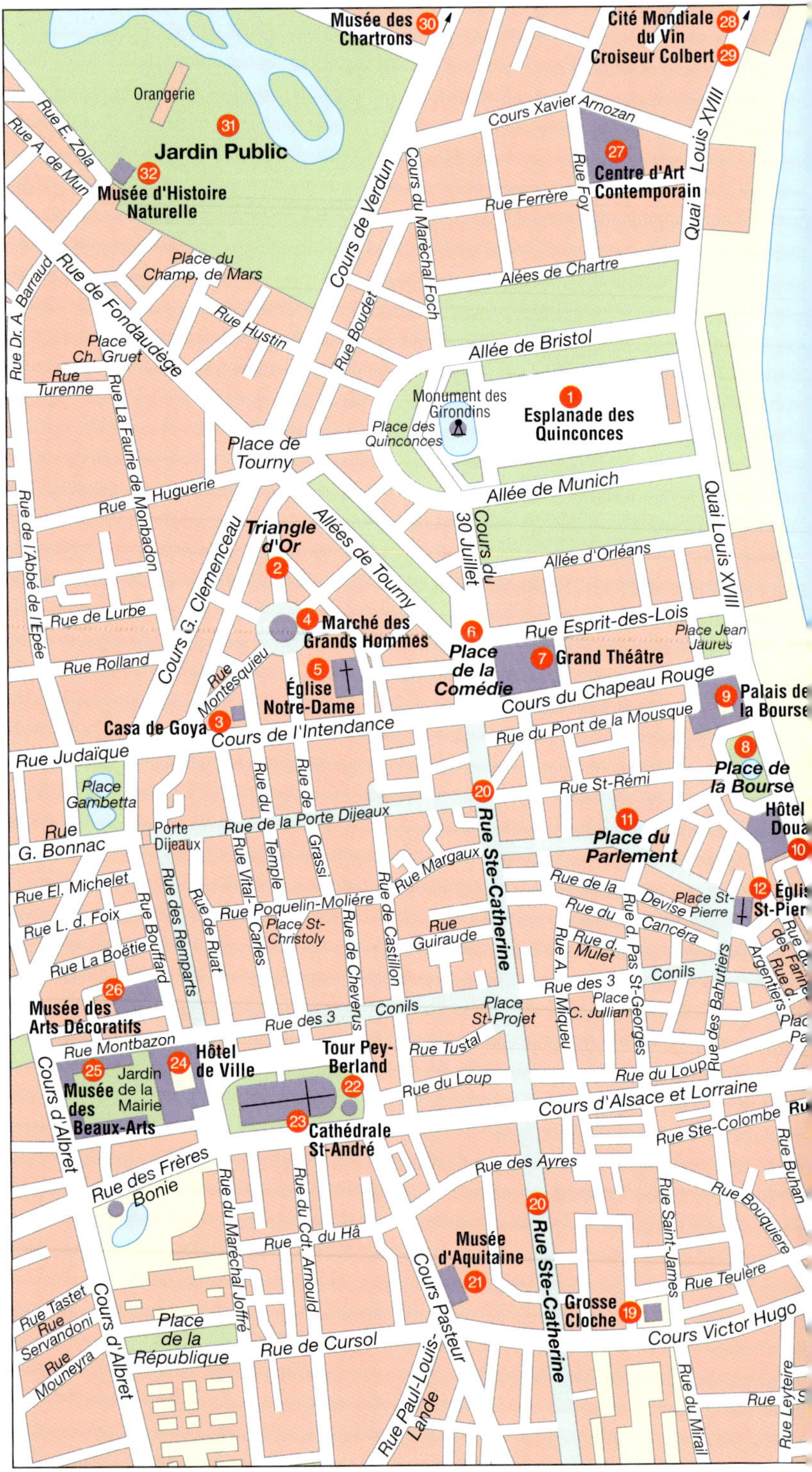

Musée des Chartrons 30
Cité Mondiale du Vin 28
Croiseur Colbert 29
Orangerie
31 Jardin Public
32 Musée d'Histoire Naturelle
Cours Xavier Arnozan
27 Centre d'Art Contemporain
Rue Ferrère
Rue Foy
Quai Louis XVIII
Cours de Verdun
Cours du Maréchal Foch
Rue E. Zola
Rue A. de Mun
Place du Champ. de Mars
Rue de Fondaudège
Rue Dr. A. Barraud
Rue Hustin
Rue Boudet
Alées de Chartre
Allée de Bristol
Place Ch. Gruet
Rue Turenne
Rue La Faurie de Monbadon
Monument des Girondins
Place des Quinconces
1 Esplanade des Quinconces
Place de Tourny
Allée de Munich
Rue Huguerie
Rue de l'Abbé de l'Epée
Triangle d'Or 2
Allées de Tourny
Cours du 30 Juillet
Allée d'Orléans
Cours G. Clemenceau
Rue de Lurbe
4 Marché des Grands Hommes
6 Place de la Comédie
Rue Esprit-des-Lois
Place Jean Jaures
7 Grand Théâtre
Rue Rolland
Rue Montesquieu
5 Église Notre-Dame
Cours du Chapeau Rouge
9 Palais de la Bourse
Casa de Goya 3
Cours de l'Intendance
Rue du Pont de la Mousque
Rue Judaïque
8 Place de la Bourse
Place Gambetta
Rue du Temple
Rue de Grassi
20
Rue St-Rémi
Rue G. Bonnac
Porte Dijeaux
Rue de la Porte Dijeaux
Rue Ste-Catherine
11 Place du Parlement
Hôtel Douane 10
Rue Vital-Carles
Rue Margaux
Rue El. Michelet
Rue de la Devise
Place St-Pierre
12 Église St-Pierre
Rue L. d. Foix
Rue Bouffard
Rue des Remparts
Rue de Ruat
Rue Poquelin-Molière
Place St-Christoly
Rue de Cheverus
Rue de Castillon
Rue Guiraude
Rue du Cancéra
Rue d. Mulet
Rue A. Miqueu
Rue d. Pas St-Georges
Rue des Argentiers
Rue La Boëtie
26 Musée des Arts Décoratifs
Rue des 3 Conils
Place St-Projet
Place C. Jullian
Rue des Bahutiers
Rue Montbazon
Hôtel de Ville 24
Tour Pey-Berland 22
Rue Tustal
Rue du Loup
25 Musée des Beaux-Arts
Jardin de la Mairie
Cours d'Albret
Cours d'Alsace et Lorraine
23 Cathédrale St-André
Rue Ste-Colombe
Rue Buhan
Rue des Ayres
Rue des Frères Bonie
Rue du Maréchal Joffré
Rue du Cdt. Arnould
Rue du Hâ
Rue Bouquière
Rue Saint-James
Musée d'Aquitaine 21
Cours Pasteur
Rue Teulère
Grosse Cloche 19
Rue Tastet
Rue Servandoni
Rue Mouneyra
Place de la République
Rue de Cursol
Cours Victor Hugo
Rue Paul-Louis-Lande
Rue du Mirail
Rue Leyteire

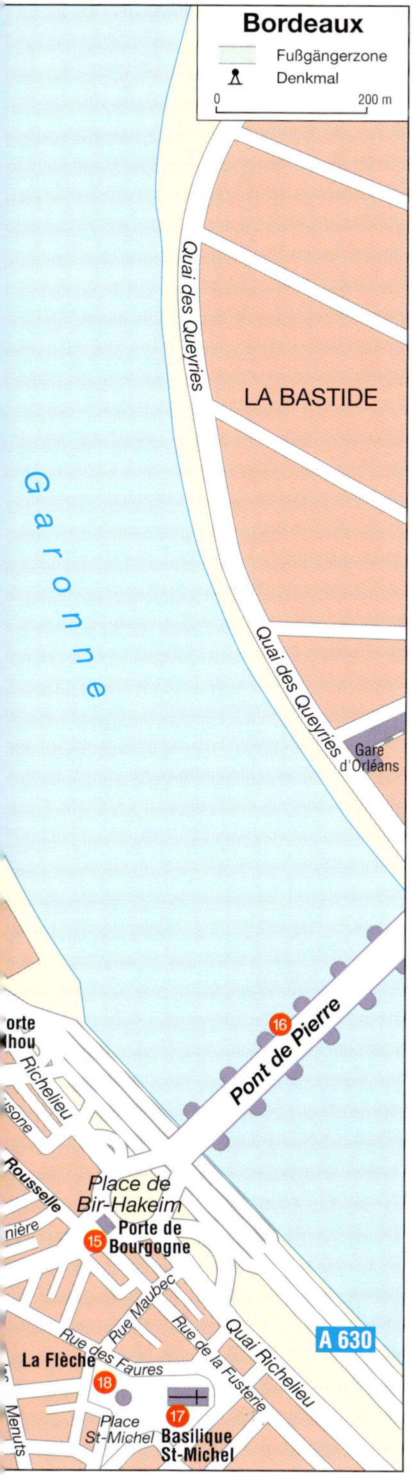

genden drei Jahrhunderte ließen die Stadt wirtschaftlich erblühen, nicht zuletzt, da Bordeaux-Weine, besonders der *Claret*, in großen Mengen nach Britannien exportiert wurden. Doch Frankreich focht die englische Herrschaft beständig an, im wahrsten Sinne des Wortes. Der sich daraus ergebende **Hundertjährige Krieg** endete 1453 in der Schlacht von Castillon mit der Niederlage der Engländer und Bordeaux kam an die **französische Krone**. Der Weinhandel erlitt zwar einen gewissen Schaden, aber im 16. Jh. bescherte das Geschäft mit dem vor der Küste gefangenen Kabeljau der Stadt einen erneuten Aufschwung.

Seine Blütezeit erlebte Bordeaux im Zeitalter des Übersee- und Sklavenhandels, im 18. Jh. Es avancierte zur bedeutendsten **Hafenstadt** Frankreichs. Verwaltet wurde der wichtige Warenumschlagplatz durch **Intendanten**, die der absolutistisch herrschende König einsetzte. Diese kunstsinnigen Beamten wie Louis Marquis de Tourny oder Nicolas François Dupré de Saint-Maur veränderten Anfang des 18. Jh. das damals noch mittelalterliche Stadtbild, das sich innerhalb von 60 Jahren in ein klassizistisches verwandelte. Sie ließen die alten Stadtmauern abtragen und machten Bordeaux zu der harmonisch wirkenden, eleganten Stadt mit schnurgeraden, breiten Alleen, großzügigen Plätzen und Palais, die sie im Zentrum noch heute ist.

Auch die **Intellektuellen** zog es in die Stadt an der Garonnemündung. Anfang des 18. Jh. etwa arbeitete der Philosoph Charles de Montesquieu hier als Jurist. Die geistige Blüte förderte die 1712 mit königlicher Unterstützung gegründete *Académie Royale*, Vorläuferin der heutigen Universität. Während der **Französischen Revolution** (1789–99) gründeten Abgeordnete aus Bordeaux und Umgebung eine gemäßigte, dem Föderalismus verpflichtete Partei, die *Girondins*. Sie konnte sich jedoch gegen die radikalen Jakobiner um Georges Danton und Jean-Paul Marat nicht behaupten. 1793 wurden in Bordeaux 22 Girondisten unter dem Vorwand antirepublikanischer Umtriebe hingerichtet.

Anfang des 19. Jh., zur französischen **Kaiserzeit**, traf das von Napoleon I. Bonaparte gegen Englands Wirtschaftsinteressen angeordnete Ausfuhrverbot, die *Kontinentalsperre*, die alte Handelsstadt hart. Von diesem Schlag erholte sich Bordeaux selbst nach Beendigung

◁ *Gesprengte Ketten – die hochaufragende Figur auf dem Monument des Girondins verkörpert den Triumph der Freiheit*

der Napoleonischen Kriege 1815 nur langsam. Verheerende wirtschaftliche Schäden richtete auch eine Reblausplage an, der 1876 fast alle Weinstöcke des Bordelais zum Opfer fielen.

Sowohl während des Ersten als auch während des Zweiten Weltkrieges verlegte die französische Regierung aus Sicherheitsgründen ihren Sitz von Paris in den relativ ruhigen Südwesten nach Bordeaux. Die **Nachkriegsära** der Stadt prägte der konservative Gaullist Jacques Chaban-Delmas, Bürgermeister von 1947 bis 1995. Einerseits trieb er Bordeaux' *industrielle Entwicklung* voran, förderte neben dem Weinhandel auch Computer-, Flugzeug- und Autoindustrie. Andererseits zeichnete er auch für das wenig geliebte, modernistische Hochhausviertel *Mériadeck* verantwortlich, das seine grauen Betontürme unmittelbar westlich des Rathauses in den Himmel reckt.

Nördliche Altstadt

Der folgende Stadtrundgang erschließt das Zentrum südlich der rechteckig angelegten **Esplanade des Quinconces** ❶. Die 12 ha große Schotterfläche im Norden der Altstadt unmittelbar am Westufer der Garonne zählt zu den größten Plätzen Europas; Teile sind zum Parken ausgewiesen. In Ufernähe stand bis 1828 die Festung *Château Trompette*, ehe sie einer umfassenden Stadtsanierung zum Opfer fiel. Als Zeichen seiner rückgewonnenen Macht hatte der französische König Charles VII. die Schlossfestung 1453 nach Ende des Hundert-

Die monumentalen Figuren des zentralen Brunnens um das Monument des Girondins beherrschen die weite Esplanade des Quinconces

Grandiose Treppenfluchten erwarten die Zuschauer im Foyer des Grand Théâtre an der Place de la Comédie, die zu sehen allein schon einen Theaterbesuch wert ist

jährigen Krieges im anglophilen Bordeaux errichten lassen. Rund 200 Jahre später, 1675, begehrten die Stadtbewohner wegen drückender Steuern gegen Louis XIV. auf. Nachdem diese Revolte niedergeschlagen war, ließ der Sonnenkönig die Festung Trompette ausbauen und umliegende Viertel abreißen, um für die Kanonen im Bedarfsfall freies Schussfeld auf die Stadt zu schaffen.

Zwei *Rostrasäulen*, die Handel und Schifffahrt symbolisieren, schließen seit 1829 den Platz zum *Quai Louis XVIII.* an der Garonne hin ab. Auf der gegenüberliegenden Seite der Esplanade ehrt das **Monument des Girondins** die 1793 hingerichteten Revolutionäre aus dem Bordelais. Den 1894–1902 errichteten, mächtig-pompösen Brunnen schmücken zahlreiche allegorische Bronzefiguren, etwa die der Beredsamkeit und der Vergangenheit. Darüber erhebt sich die 43 m hohe Säule, auf der als Sinnbild der Freiheit eine geflügelte Frauengestalt triumphiert.

Triangle d'Or 2 nennt man den eleganten Innenstadtbereich, der sich südwestlich an die Esplanade anschließt. Der Name ›Goldenes Dreieck‹ ist passend, reihen sich doch zwischen den Straßen *Allées de Tourny*, *Cours Clemenceau* und *Cours de l'Intendance* Luxusgeschäfte und Boutiquen aneinander – von Juwelen bis zu Designerkleidung gibt es hier alles, was gut und teuer ist. An der Cours de l'Intendance findet sich mit der **Casa de Goya** 3 (Mo–Fr 13.30–17.30 Uhr) aber auch ein Stück Kultur. Im 19. Jh. nahm Bordeaux viele Spanier auf, die der Absolutismus Fernandos VII. ins Exil getrieben hatte. Im Haus Nr. 57 verbrachte der berühmteste von ihnen, der Maler Francisco José de Goya (1746–1828), die letzten Monate seines Lebens. Das Kulturzentrum im 3. Stock zeigt Briefe, Dokumente und Reproduktionen seiner Werke.

Den an sich hübschen kleinen Platz **Marché des Grands Hommes** 4 dominiert heute eine etwas wuchtig geratene, mehrstöckige Boutiquengalerie aus Glas und Metall, in der man stilvoll shoppen kann. Unweit östlich erinnert die üppige Barockfassade der 1684–1707 von Dominikanern erbauten **Église Notre-Dame** 5 an die Kirche *Il Gesù* in Rom. Außer einer sehr schönen Orgel und der geschnitzten Kanzel kann man im Innern Gemälde von Jean André (1718–41) bewundern.

Neben der Kirche führt die 1878 eröffnete, überdachte *Galerie Sarget* zurück zum Cours de l'Intendance. Von dort sind es nur wenige Schritte nach Osten zum Herzen der Stadt, der **Place de la Comédie** 6. Hier präsentiert sich Bordeaux in der ganzen Pracht des 18. Jh. Geradezu monumental wirkt die Fassade des **Grand Théâtre** 7, eines klassizistischen Glanzstücks, das der Pariser Architekt Victor Louis 1773–80 auf den Ruinen eines gallo-römischen Tempels erbaut hatte. Sechs umlaufende Stufen führen zu der *Kolonnade* aus zwölf korinthischen Säulen, auf denen eine Balustrade ruht, geschmückt und gegliedert durch die Statuen der neun Musen sowie der antiken Göttinnen Aphrodite, Hera und Athene. Besondere Beachtung verdient das großzügige Vestibül mit Kassettendecke, dorischen Säulen und raumgreifendem Treppenaufgang. Diese beeindruckende Gestaltung ahmte rund 100 Jahre später der Architekt Charles Garnier 1875 beim Bau der *Pariser Oper* nach. Imposant ist auch der 1992 originalgetreu in Weiß, Blau und Gold restaurierte *Zuschauersaal*. Das üppig ausgestattete Theater kann im Rahmen einer Führung besichtigt werden, zu der man sich im Touristenbüro anmeldet.

Um viel Geld ging es stets bei den Geschäften im Palais de la Bourse

Am linken Ufer der Garonne

Folgt man dem überwiegend von großbürgerlichen Wohnhäusern des 18. Jh. gesäumten *Cours du Chapeau Rouge*, erreicht man die sehr schöne **Place de la Bourse** 8 am Flussufer. Der Platz ist halbkreisförmig von harmonisch aufeinander abgestimmten klassizistischen Gebäuden umgeben. Hofarchitekt Jacques Gabriel begann 1731 auf Geheiß des Intendanten Boucher mit dem Bau des Ensembles um die damalige *Place Royale*, sein Sohn Jacques-Ange Gabriel vollendete sie 1755. Die zierliche *Fontaine Trois Grâces*, der Brunnen der drei Grazien, in der Platzmitte kam allerdings erst 1864 anstelle der 1792 eingeschmolzenen bronzenen Reiterstatue von Louis XV. hinzu. Im Norden des Platzes erinnert das dreistöckige **Palais de la Bourse** 9, in dem bis ins 19. Jh. die Börse untergebracht war, an die Zeiten des Wohlstandes, die der bedeutsame Flusshafen am nahen Quai de la Bourse Bordeaux bescherte. Das klassizistische Gegenstück im Süden ist das Stadtpalais **Hôtel des Douanes** 10. In dem früheren Zollamt erläutert das **Musée National des Douanes** (Di–So 10–18 Uhr) anhand von Dokumenten, Uniformen und Modellen in aller Ausführlichkeit die Geschichte des französischen Zollwesens.

TOP TIPP Über die kurze Rue Fernand-Philippart erreicht man die **Place du Parlement** 11, einen wunderschönen, autofreien Platz mit Cafés und Restaurants. Er wurde bereits 1670 geschaffen, doch erst 1754 als Marktplatz ausgebaut, gepflastert und mit stattlichen großbürgerlichen Wohnhäusern umgeben. Ihre Erdgeschossfronten sind größtenteils als Arkaden ausgeführt, die Schlusssteine der Bögen fantasievoll mit plastischen Grotesken (*Mascarons*) verziert. Deren menschliche Gesichtszüge wiederholen sich in den vier Wasserspeiern des verspielten Rokokobrunnens (1865) im Zentrum des Platzes, der das angenehme Ambiente stimmungsvoll ergänzt.

Im sich südlich anschließenden Viertel *St-Pierre* entdeckt man zahlreiche weitere, für Bordeaux so typische Bürgerhäuser mit schmiedeeisernen Balkonen und reliefierten Steinmasken über den Fensterbögen. Auf der kleinen *Place St-Pierre* um die **Église St-Pierre** 12 findet jeden Donnerstag (5–17 Uhr) ein Ökomarkt statt, auf dem hauptsächlich

Ein Café an der zur Fußgängerzone umgestalteten Place du Parlement ist der richtige Ort, um die Eindrücke eines Stadtbummels in Ruhe auf sich wirken zu lassen

Obst und Gemüse angeboten werden. Die kleine Pfarrkirche entstand im 15./16. Jh. und besitzt ein hübsches spätgotisches Portal. An dieser Stelle hatte sich in römischer Zeit der Binnenhafen befunden. Heute verläuft der Fluss rund 200 m weiter östlich. Den Weg dorthin weist die prächtige **Porte Cailhou** 13 vom Ende des 15. Jh. Damals widmete Bordeaux das repräsentative Tor dem französischen König Charles VIII. Eine Statue des Herrschers, umgeben von Erzbischöfen, ziert die Flussseite. Im Innern des Torbogens ist eine kleine Ausstellung zur Stadtgeschichte untergebracht (Juni/Aug. 15–19 Uhr).

Angenehm kann man durch die alte **Rue de la Rousselle** 14 südwärts schlendern. Im Eckhaus Nr. 23/25 wurde 1533 der spätere Philosoph und Schriftsteller *Michel de Montaigne* geboren, der 1581–85 Bürgermeister der Stadt war. Eine schlichte Gedenkplatte erinnert hier an den großen Sohn der Stadt.

Die Gasse mündet in den verkehrsreichen Cours Victor Hugo, der von der pompösen **Porte de Bourgogne** 15 dominiert wird. Dieser antikisierende Triumphbogen war 1751–55 im Rahmen von Tournys Generalsanierung anstelle des mittelalterlichen Stadttors *Porte des Salinières* errichtet worden. Dahinter überspannt der 1810–22 erbaute **Pont de Pierre** 16 die Garonne. Diese älteste der drei Flussbrücken im Innenstadtbereich ist beachtliche 486 m lang und führt über 17 Bögen zum Stadtteil *La Bastide*. Während der Bauarbeiten hatte Ingenieur Claude Deschamps übrigens erstmals Taucherglocken eingesetzt.

Blickfang der Place du Parlement ist der hübsche steinerne Brunnen in seiner Mitte

Quartier St-Michel

Südlich des Cours Victor Hugo beginnt der pittoreske Stadtteil St-Michel. Hier lebt in erschwinglichen Mietshäusern ein buntes Völkergemisch aus Bordelais, Maghrebins, Spaniern und Portugiesen. Ein besonderes Erlebnis ist der am Sonntagvormittag auf der *Place St-Michel* stattfindende Flohmarkt **Marché aux Puces**. Das Angebot umfasst Kitsch und Kunst, spiegelt daneben aber auch Bordeaux' multikulturelle Vielfalt wider. Seinen Namen erhielt der ausgedehnte Platz nach der spätgotischen **Basilique St-Michel** 17, die sich seit 1350 (Fertigstellung 1475) in seiner Mitte erhebt. Das äußerlich schmucklose Gotteshaus ist innen prächtig ausgestattet. Aufmerksamkeit erwecken vor allem das reichgeschnitzte Chorgestühl, aber auch die Barockorgel und die modernen Buntglasfenster, u. a. von Max Ingrand. Einige Meter westlich der Basilika steht der sechseckige Glockenturm (1472–92), im Volksmund **La Flèche** 18, der Pfeil, genannt. Von dem 114 m hohen Turm nach dem des Straßburger Münsters der zweithöchste Frankreichs – hat man einen ausgezeichneten Blick über die Schleife der Garonne und die Innenstadt bis weit über die Vororte von Bordeaux hinaus (Juli/Aug. 14–18 Uhr).

Der Bau der Pont de Pierre über die Garonne war eine technische Meisterleistung

Westliche Altstadt

Folgt man dem Cours Victor Hugo nach Westen, sieht man rechts bald die **Grosse Cloche** 19. Der wuchtige, unverwechselbare Bau diente im 13. Jh. als Stadttor und Uhrturm des damaligen Rathauses. Er ist eines der wenigen erhaltenen Relikte der Plantagenêt-Herrschaft in Bordeaux. Wie der Name bereits sagt, hing hier seit jeher eine ›dicke Glocke‹, die zu Beginn der Weinlese oder bei Bränden ertönte. Die heute über der Uhr sichtbare Glocke stammt aus dem 18. Jh. Einige Querstraßen weiter kreuzt man die **Rue Ste-Catherine** 20, die quirlig lebhafte *Fußgängerzone* bis zur Place de la Comédie, danach biegt rechts der Cours Pasteur ab. Seit 1986 stellt dort in dem lang gestreckten Bau der ehem. *Faculté des Lettres* (1885) das **Musée d'Aquitaine** 21 (Di–So 11–18 Uhr) wichtige archäologische Funde der Region aus und bietet einen umfassenden Überblick über die Stadtgeschichte. Es gibt römische Spiegel und Parfümfläschchen zu sehen oder Rüstungen und Wappen aus dem Hundertjährigen Krieg. Weitere Abteilungen widmen sich dem Weinbau, der Austernzucht und der Schifffahrt.

TOP TIPP

Nördlich läuft die Cours Pasteur bzw. die Rue Dubergier schnurgerade auf die freistehende **Tour Pey-Berland** 22 zu, 1440 erbaut und nach ihrem erzbischöflichen Auftraggeber benannt. Von der Aussichtsgalerie des 113 m hohen Glockenturms hat man einen herrlichen Blick über die Stadt, die Garonnebiegung und das Umland (Mai/Juni tgl. 10–18, Juli/Aug. tgl. 10–19 Uhr). Seit 1863 ziert die aus vergoldetem Metall gearbeitete Statue *Notre-Dame-d'Aquitaine*, eine bekrönte Maria mit Jesuskind auf dem linken Arm, die Turmspitze.

TOP TIPP

Die Tour Pey-Berland überragt deutlich die beiden Kirchtürme der unmittelbar benachbarten **Cathédrale St-André** 23, die zu Beginn des 12. Jh. auf romanischen Grundmauern entstand. Kaum war der einschiffige Hauptbau errichtet, fand in der Kathedrale am 25. Juli 1137 die Hochzeit von Aliénor d'Aquitaine mit dem Thronerben Frankreichs, dem späteren Louis VII. statt. 1250–1400 wurde das Gotteshaus um ein Querschiff und den erhöhten Chor erweitert. Im Gegensatz zur schmucklosen Hauptfassade ist das *Nordportal* von 1330 reich mit Steinmetzarbeiten geschmückt: Oben

Kostbarkeiten aus zwei Jahrtausenden, römische Statuen, Architekturfragmente und kunstvolle Bodenmosaike finden im Musée d'Aquitaine einen würdigen Rahmen

sieht man Christus den Erlöser, darunter Christi Himmelfahrt, dann das Letzte Abendmahl. In den Wölbungen finden Figuren von Engeln, Aposteln und Propheten ihren Platz. Rechts daneben befindet sich die schöne *Porte Royale*, das Königsportal von 1250, das seit Beginn des 19. Jh. geschlossen ist. Es zeigt im Tympanon eine kunstvolle Darstellung des Jüngsten Gerichts, beidseits der Tür Skulpturen der Apostel und Bischöfe. Harmonisch ist das 124 m lange *Kircheninnere* mit dem weiten, von einem Rippengewölbe überspannten Langhaus, eindrucksvoll auch der hochgotische Chor mit Kapellenkranz.

Jenseits des Kathedraleingangs befindet sich das 1770 erbaute, zweiflügelige *Palais Rohan*, das nur kurze Zeit – bis zum Ausbruch der Französischen Revolution 1789 – Sitz des Erzbischofs war und seitdem als **Hôtel de Ville** 24, als Rathaus, dient. In einem nördlichen Nebengebäude inmitten des Jardin de la Mairie ist das **Musée des Beaux-Arts** 25 (Mo–So 11–18, Mi bis 20 Uhr) untergebracht. Neben Arbeiten von in Bordeaux einst heimischen Malern wie Odilon Redon und Albert Marquet sind Gemälde von Jan Brueghel, Tizian, Rubens, Delacroix und Renoir zu sehen.

Nördlich des Rathauses kann man in der Rue Bouffard in einem freistehenden, eleganten Stadtpalais vom Ende des 18. Jh. das **Musée des Arts Décoratifs** 26 besuchen (Mo–So 11–18, Sa/So 14–18 Uhr). Das 1779 für den Marquis Pierre de Raymond de Lalande erbaute prachtvolle Gebäude mit seinen holzgetäfelten Salons ist ebenso sehenswert wie die Exponate aus dem 18./19. Jh.: Porzellan aus Delft und Rouen, Keramik, Mobiliar, Goldschmiede- und Glasarbeiten – kurz alles, was eine vornehme Wohnung noch feiner machte.

Quartier des Chartrons

Von der Esplanade des Quinconces kann man nordwärts ins Quartier des Chartrons schlendern. Im 16. Jh. hatten Niederländer die hier sumpfigen Ufer der Garonne trockengelegt, im 17. Jh. ließen sich protestantische holländische, englische und deutsche Kaufleute nieder, die florierende Handelshäuser erbauten und vielfach Weingüter im Umland aufkauften. ›Korkenadel‹ (*Noblesse du bouchon*) nannte man diese wohlhabende Kaufmannsschicht. Ihre herrschaftlichen Häuser mit elegant gewölbten Balkonen und die Lagergebäude erlebten im 20. Jh. eine sukzessive Renovierung und erstrahlen wieder in warmen, hellen Farben.

RUE SAINT REMI
ALERIE
LE St REMI

Les Caves de La Cité
NICOLAS

MEDOC
1872

Allerdings findet man statt Weinkellereien heute oft Antiquitätenläden.

In der Rue Ferrère verbirgt sich hinter unscheinbarer Fassade ein Tempel zeitgenössischer Kunst, das **Centre d'Art Contemporain** 27 (Di–So 11–18 Uhr, Mi bis 20 Uhr). Die Stadt bewahrte ein 1822–24 erbautes Lagerhaus für Kolonialwaren an der Garonne, das *Entrepôt Laîné*, vor dem Abriss und verwendet es seit 1984 für museale Zwecke. Die Architektur der riesigen, von Rundbögen getragenen Halle und davon abgehenden Seitengalerien, kontrastiert faszinierend mit den Exponaten, meist avantgardistischen Objekten, die auf bis zu 14 200 m² in Wechselausstellungen präsentiert werden.

Weiter nördlich, am *Quai des Chartrons*, liegt der **Croiseur Colbert** 28 vertäut, der letzte, 1956 vom Stapel gelaufene Kreuzer der französischen Marine. Er kann von der Brücke bis zur Kombüse besichtigt werden (tgl. 10–18, Sa/So bis 19 Uhr). In eine Baulücke in der alten Fassadenfront am Kai setzte der bordelaiser Architekt Michel Petuaud-Letang die sechsstöckige **Cité Mondiale du Vin** 29 mit viel Glas und Metall, ein 7000 m² großes Konferenz- und Geschäftszentrum für Weinhändler mit kleinem Museum der weinherstellenden und -verkostenden Bruderschaften, Restaurants und Geschäften. Einen Einblick in das frühere Leben des Viertels der Seeleute, Fischer, Handwerker und Händler gewinnt man im nahen **Musée des Chartrons** 30 (Mo–Fr 14–18 Uhr), dem Museum des Weinhandels, das in einem geschmackvoll restaurierten, mehrstöckigen Gebäude von 1720 in der Rue Borie eingerichtet wurde. Eine Sammlung von einschlägigen Etiketten kann man dort ebenso bewundern wie Weinflaschen seit dem 17. Jh.

Um den Stadtrundgang im Grünen ausklingen zu lassen, bietet sich der sehr schöne **Jardin Public** 31 an, den Intendant Tourny 1756 als 15 ha großen, barocken Garten anlegen ließ. Unter Napoleon III. wurde er zu einem Landschaftsgarten mit Teichen und Brückchen umgewandelt. 5000 m² davon nimmt der 1856 gegründete Botanische Garten **Jardin Botanique** ein, der über 3000 verschiedene Pflanzenarten, u. a. wunderschöne Lilien und Orchideen, zeigt. Am Westrand des Parks beherbergt das 1778 erbaute, pavillonartige *Hôtel Lisleferme* seit 1862 das Naturkundemuseum **Musée d'Histoire Naturelle** 32 (Mi–Mo 11–18 Uhr, Sa/So ab 14 Uhr). Es umfasst zoologische und mineralogische Sammlungen mit Exponaten aus aller Welt, etwa das Skelett eines Blauwals.

◁ *Weite Aussicht von der Tour Pey-Berland, über die Cathédrale St-André* **(oben)**. *Einkaufsfreuden: klassisch in der Rue Ste-Catherine* **(Mitte links)**, *modern in der Cité Mondial du Vin* **(Mitte rechts)**. *Weingeschichte im Musée de Chartrons* **(unten)**

Praktische Hinweise

Information: Office de Tourisme, 12, cours du XXX-Juillet, Bordeaux, Tel. 05 56 00 66 00 und 05 56 44 28 41, Fax 05 56 00 66 01. – Office de Tourisme im Bahnhof Gare SNCF Saint-Jean, rue Charles Domercq, Tel./Fax 05 56 91 64 70, Internet: www.bordeaux-tourisme.com. Bei den Offices de Tourisme erhält man kostenlos die Karte **Bordeaux Découverte**, die zu ermäßigtem Eintritt in die Museen der Stadt berechtigt.

Wein

Maison du Vin de Bordeaux (Conseil Interprofessionnel du Vin de Bordeaux) 1, cours du XXX-Juillet, Tel. 05 56 00 22 66, Fax 05 56 00 99 30, Internet: www.vins-bordeaux.fr. Hier kann man sich beraten lassen und edle Tropfen verkosten. Wer Wein einkaufen möchte, wendet sich an die **Vinothèque**, 8, cours du XXX-Juillet, Tel. 05 56 51 23 06.

Hotels

**** **Burdigala**, 115, rue Georges-Bonnac, Tel. 05 56 90 16 16, Fax 05 56 93 15 06, Internet: www.hotelburdigala.com. Modernes, zentrumsnahes Hotel der Luxuskategorie in einem Gebäude des 18. Jh. Die geräumigen Zimmer und Apartments verfügen u.a. über Bäder aus Marmor.

**** **Tulip-Inn Bayonne Etche-Ona**, 11, rue Mautrec (2. Eingang: 4, rue Martignac), Tel. 05 56 48 00 88, Fax 05 56 48 41 60, Internet: www.bordeaux-hotel.com. Gediegener Komfort in einem eleganten zweistöckigen Eckhaus mit klassizistischer Fassade aus dem 18. Jh. im ›Goldenen Dreieck‹.

*** **La Tour Intendance**, 14–16, rue de la Vieille-Tour, Tel. 05 56 81 46 27,

Fax 05 56 81 60 90. Zentral in der Fußgängerzone nahe der geschäftigen Place Gambetta gelegenes Haus.

Restaurants

Fromagerie Baud et Millet, 19, rue Huguerie, Tel. 05 56 79 05 77. Ein Mekka für Käseliebhaber. Im Laden bekommt man eine schier unerschöpfliche Auswahl, im Restaurant werden die köstlichsten Käsespezialitäten serviert oder man bedient sich am reichhaltigen Buffet.

La Goulue, 2, rue Courbin, Tel. 05 56 44 33 00. Solides Familienrestaurant: Freundlich und hell ist der Speiseraum, gut die Küche mit Spezialitäten des Südwestens, etwa *Filet de bœuf à la vigneronne*, Rinderfilet in Weinsauce mit Rosinen.

La Tupina, 6–8, rue Porte-de-la-Monnaie, Tel. 05 56 91 56 37. Das bekannte Restaurant offeriert in rustikalem Ambiente traditionelle Küche, z. B. *Foie gras micuit au gros sel*, gesalzene Entenleberpastete. Nachspeisen und Weinkarte überzeugen ebenfalls, daher ist ohne Bestellung meist kein Tisch zu bekommen.

Le Chapon Fin, 5, rue de Montesquieu, Tel. 05 56 79 10 10. Renommiertes Gourmet-Restaurant mit heiterer Atmosphäre in einem Wintergarten. Besonders stolz ist Küchenchef Francis Garcia auf seinen 20 000 Flaschen umfassenden Weinkeller (So/Mo geschl.).

22 St-Emilion

Felsenkirche und Rotwein machten das mittelalterliche Schmuckstück berühmt.

Der Ruhm des 3000 Einwohner zählenden St-Emilion gründet vor allem auf dem hervorragenden **Rotwein**, den die hiesigen Winzer keltern und der weltweit einen hervorragenden Ruf genießt. Von seiner schönsten Seite zeigt sich das uralte Städtchen auf und zwischen zwei Kalkhügeln nahe dem rechten Ufer der Dordogne morgens, wenn erste Sonnenstrahlen das mittelalterliche **Zentrum** in goldenes Licht tauchen. Im Laufe des Tages ergießen sich wahre Touristenströme in den liebenswerten Ort mit seinen gepflasterten, steilen Gassen, den gotischen Kirchen, den teilweise efeuüberwucherten Stadtmauern und -toren.

Blick über die Dächer von St-Emilion vom Clocher, dem Glockenturm der Felsenkirche

Mit Stolz und Würde wachen in St-Emilion die Mitglieder der Jurade, der Bruderschaft der Winzer, darüber, dass die strengen Regeln des Weinbaus eingehalten werden

Eine schöne Stelle hatte sich hier der bretonische Wandermönch **Aemilianus** im 8. Jh. ausgesucht, um sich in eine Kalkhöhle zurückzuziehen. Nach dem Tod des Eremiten 767 entstand rings um seine bescheidene Wohnstatt ein heute aufgelöstes Benediktinerkloster und das Dorf St-Emilion. Mönche gruben nahe der einstigen Einsiedlerhöhle im 9.–12. Jh. die dreischiffige **Église Monolithe** in den weichen Kalkfels. Der erste Eindruck des ursprünglich vollständig ausgemalten Innenraums ist recht düster, doch sowohl die aus den Wänden geschlagenen Reliefs von Heiligen als auch das von rechteckigen Pfeilern gestützte Tonnengewölbe wirken sehr harmonisch. Mit 38 x 20 m Grundfläche und bis zu 20 m hoher Decke ist die unterirdische Hallenkirche überdies die größte ihrer Art in Europa. Ihr im 14. Jh. ebenfalls in den Fels geschlagenes Portal zeigt im Tympanon eine Darstellung des Jüngsten Gerichts. Die Monolithkirche kann – ebenso wie die benachbarten **Catacombes**, ein unterirdischer Friedhof (9.–15. Jh.), sowie die daneben über die **Grotte de l'Ermitage** gemauerte **Chapelle de la Trinité**, eine reizende Kapelle aus dem 13. Jh. – nur im Rahmen einer Führung besichtigt werden, zu der man sich im Touristenbüro anmeldet.

Gegenüber der Monolithkirche sitzt man sehr schön auf der geneigten, von meist zweistöckigen Steinhäuschen umgebenen, kleinen **Place du Marché**. Hier genießt man im Schatten einer 1848 gepflanzten Akazie bei einem Kaffee oder Glas Wein den Blick auf die Felskirche und den darüber aufragenden viereckigen **Clocher** (15. Jh.). Es lohnt sich, diesen 67 m hohen Glockenturm – ebenfalls nach Anmeldung im Touristenbüro – zu ersteigen, denn von oben sieht man weit über die Weinberge und das Tal der Dordogne.

TOP TIPP

Auf einer Erhebung inmitten des heutigen Ortskerns wurde im 12.–15. Jh. die **Église Collégiale** errichtet. Die Kollegiatskirche lohnt allein schon wegen des herrlichen Kreuzgangs (14. Jh.) mit seinen umlaufenden, eleganten Zwillingssäulen einen Besuch, der über das Touristenbüro zugänglich ist. Ebenfalls sehenswert ist das gotische Nordportal, vor allem die Darstellung des Jüngsten Gerichts im Tympanon.

Den Hügel im Süden der Altstadt beherrscht der 32 m hohe, viereckige Bergfried des ansonsten zerfallenden **Château du Roi** (12./13. Jh.), von dem aus man einen wunderbaren Rundblick genießt. Im Norden sieht man beispielsweise die mächtigen **Grandes Murailles**,

Ob rot oder weiß, herb oder süß, der gediegene Weinladen in St-Emilion bietet edlen Rebensaft für jeden Geschmack, vorwiegend aus den umliegenden Anbaugebieten

von Spitzbogenfenstern durchbrochene Mauerreste eines ehem. Dominikanerkonvents aus dem 14. Jh., pittoresk in den Weinfeldern stehen.

In St-Emilion sollte man unbedingt die lokale Spezialität *Macarons* probieren, köstliche Mandelmakronen.

Praktische Hinweise

Information: Office de Tourisme, place des Créneaux, St-Emilion, Tel. 05 57 55 28 28, Fax 05 57 55 28 29, Internet: www.saint-emilion-tourisme.com

Hotels

Au Logis des Remparts, 18, rue Guadet, St-Emilion, Tel. 05 57 24 70 43, Fax 05 57 74 47 44. Einfaches, ansprechendes Haus in der Altstadt mit komfortablen Zimmern.

Hostellerie de Plaisance, place du Clocher, Tel. 05 57 55 07 55, Fax 05 57 74 41 11. Exklusives Komforthotel beim Glockenturm der Église Monolithe. Die 12 geschmackvoll eingerichteten Zimmer sind oft lange im Voraus ausgebucht. Dasselbe gilt für das feine Restaurant.

Restaurant

Francis Goullée, 27, rue Guadet, Tel. 05 57 24 70 49. Von der ausgezeichneten Qualität der Speisen kann man sich etwa bei *Sauté de coquille St-Jacques*, Jakobsmuschelragout, überzeugen. Zivile Preise.

23 Entre-deux-Mers

Die Heimat aromatischer Weißweine.

Das Land ›zwischen zwei Meeren‹, Entre-deux-Mers, östlich von Bordeaux wird von den Flüssen Garonne und Dordogne begrenzt und ist die landschaftlich reizvollste *Weingegend* im Bordelais. Von beiden Flüssen steigt das Land leicht zu einem Plateau an, auf dem kleine Bastide-Städtchen zum Bummeln und alte Kirchenruinen zum Träumen veranlassen, sich überschaubare Mischwaldpartien mit Rebflächen abwechseln und Weingüter zur Verkostung einladen. Hier baut man die Rebsorten *Sémillon, Sauvignon* und *Muscadelle* an, aus denen aromatische, trockene Weißweine gekeltert werden, die hervorragend zu Fisch und Meeresfrüchten passen.

Wenige Kilometer südlich von Rauzan schmiegen sich – direkt links einer Kurve der D127 – die steinernen Überreste der alten **Abbaye de Blasimon** der Benediktiner aus dem 12./13. Jh. in eine Mulde. Durch eine kurze, schattige Allee erreicht man die schöne Westfassade der größtenteils intakten Klosterkirche *St-Nicolas* mit ihrem romanischen Portal (1160–70). Dessen kunstvoller Skulpturenschmuck beeindruckt etwa durch den eleganten Faltenwurf der Gewänder.

Das Landstädtchen **Sauveterre-de-Guyenne** ist eine typische, 1283 erbaute Bastide: Eine Stadtmauer und vier noch erhaltene Eingangstore schützten das in geometrischem Plan angelegte Wehrdorf. Im Hundertjährigen Krieg wechselte der Ort zehnmal seinen Besitzer, ehe er 1451 endgültig französisch wurde. Durch die mächtige *Porte Saubotte* gelangt man auf die mit Arkadenhäusern bestandene, leicht nach Süden geneigte *Place de la République* im eng bebauten Zentrum. Kleine Bürgerhäuschen aus Kalkstein (16.–19. Jh.) säumen schmale Gassen, und wenn es auch keine bedeutenden Sehenswürdigkeiten zu entdecken gibt, lohnt das geschlossene Stadtbild doch einen Besuch.

Auf der D 671 westwärts erreicht man kurz vor *Créon*, dem kleinstädtischen Mittelpunkt des westlichen Entre-deux-Mers, die Ortschaft *La Sauve-Majeure*, in deren Zentrum die Ruinen der einst mächtigen Abtei **La Sauve** in den Himmel ragen. Benediktinermönche gründeten 1079 hier, am Rand einer kleinen Talsenke, ein Kloster. Bald wurde die Abtei zu einem der wichtigsten geistlichen Zentren der Region und zum vielbesuchten Etappenort der Jakobspilger [s. S. 49]. Im 12. Jh. wirkten hier nicht weniger als 300 Mönche, doch während der Französischen Revolution wurde der Konvent aufgelöst. Nachdem sie kurz als Gefängnis genutzt worden waren, verfielen die Gebäude mehr und mehr. Von dem sehr gut erhaltenen, im oberen Bereich achteckigen **Glockenturm** bietet sich ein weiter Blick über den Ort, die gegenüberliegende gotische Kirche *St-Pierre* (Ende 12. Jh.), Weinfelder und Hügel des Entre-deux-Mers. Neben dem idyllischen Ambiente sind es vor allem die kunstvollen **Kapitelle** innen im Bereich von Vierung und Chor, die Fachleute wie Laien in ihren Bann ziehen: Die Szenen zeigen Adam und Eva, Daniel in der Löwengrube, Salome vor Herodes tanzend. Obwohl schon seit Jahrhunderten Wind und Wetter ausgesetzt, sind sie erstaunlich gut erhalten. In dem kleinen **Musée du Couvent** werden Skulpturen sowie Fragmente von Säulen und Fresken aufbewahrt (Juli/Aug. tgl. 10–19 Uhr, sonst eingeschränkte Öffnungszeiten, Nov.–März geschl.).

TOP TIPP

Praktische Hinweise

Information: Office de Tourisme, 2, rue St-Romain, Sauveterre-de-Guyenne, Tel. 05 56 71 53 45, Fax 05 56 71 62 24

Bastiden – die neuen Städte

Im Grundriss wie Schachbretter formiert liegen mehr als 300 **Bastide** *genannte Dörfer und Städtchen in der hügeligen Landschaft zwischen der Dordogne und den Pyrenäen. Entstanden waren die heute so malerisch wirkenden Orte im 13.– 15. Jh. aus politischen und strategischen Gründen. Die 1152 erfolgte Heirat von Aliénor d'Aquitaine mit Henri II. Plantagenêt, dem späteren König von England, bedeutete Krieg für den Südwesten Frankreichs, verlief doch hier die neu entstandene* **Grenze** *zwischen englischem und französischem Territorium.*

Um Landgewinne in diesem immer wieder umkämpften Gebiet zu sichern, wurden vor allem während des Hundertjährigen Kriegs (1338–1453) im Auftrag beider verfeindeter Parteien neue Siedlungen mit ähnlichem Aufbau gegründet. Rechtwinklig angelegte Straßen um einen zentralen Platz, befestigte Mauern und Tore sowie eine Wehrkirche dienten der Verteidigung und ermöglichten einen schnellen Aufmarsch von Soldaten. Während manche Bastiden, wie etwa der Dordognehafen **Libourne**, *verstädterten und heute deutlich über die alten Mauern hinausgewachsen sind, wirken andere, z. B.* **Labastide-d'Armagnac**, *als sei die Zeit stehen geblieben. Hier schlendert man wie vor 500 Jahren unter den schattigen Laubengängen pittoresker Fachwerk- oder Steinhäuser um den zentralen Platz und genießt das harmonische Ortsbild.*

24 Garonne

Bezaubernde Weindörfer und noble Schlösser an einem romantischen Fluss.

Sanft steigen die Hänge im Tal der Garonne beidseits zu einer lieblichen, plateauartigen Kulturlandschaft an. Besonders schön lässt sie sich auf einer *Bootsfahrt* vom Fluss aus genießen oder bei einem Ausflug mit dem Wagen entlang der aussichtsreichen D 10, z. B. von Bordeaux bis Cadillac.

Kommt man von Bordeaux über die Autobahn A 62, auch *Autoroute des Deux-Mers* genannt, bietet sich zunächst bei der Ortschaft Labrède der Besuch des geschichtsträchtigen **Château de la Brède** an (April–Sept. Mi–Mo 14–17.15 Uhr, Winter geschl.). In einem herrlichen, baumreichen Park erhebt sich das massig wirkende Château (12.–13. Jh.) aus einem kleinen See. Eine Brücke führt vom Ufer in das hochherrschaftliche Gemäuer mit den trutzigen Rundtürmen, dem man trotz Umbauten im 16.–18. Jh. seinen Ursprung als Festung ansieht. Hier wurde 1689 *Charles Louis de Secondat, Baron de La Brède et de Montesquieu* geboren († 1755). Berühmt wurde er durch sein staatsphilosophisches Werk ›De l'Esprit des Lois‹, ›Über den Geist der Gesetze‹ (1748). Montesquieu forderte darin die Gewaltenteilung zwischen Judikative, Exekutive und Legislative, eine Prämisse, die auch in die amerikanische Verfassung Eingang fand. In La Brède kann das unverändert erhaltene Arbeitszimmer des großen Denkers der Aufklärung ebenso besichtigt werden wie die 7000 Bände umfassende Bibliothek.

An der Garonne liegen hübsche Ortschaften, über deren kleine Häfen früher die Weinfässer verschifft wurden, etwa die 1280 gegründete Bastide **Cadillac**. In der Nähe des Flusses, dessen Bett im Mittelalter deutlich breiter war, steht die wehrhafte *Porte de la Mer*, ein altes Stadttor. Beim **Marché**, dem Wochenmarkt am Samstagvormittag, erlebt man pulsierendes Leben in dem sonst etwas spröde wirkenden Weinort. Auf der Place de la République kann man dann Fleisch und Fisch kaufen, die Place du Château verwandelt sich in ein grünes Meer aus Blumen, Obst und Gemüse, in den umliegenden Straßen bieten Händler allerlei Nützliches feil. Über dem Städt-

Im Château de la Brède erblickte Ende des 17. Jh. Charles de Montesquieu das Licht der Welt, der sich später als scharfsinniger Staatsphilosoph einen Namen machen sollte

chen wacht, im 17. Jh. auf einem Kalksporn errichtet, das mächtige **Château des Ducs d'Epernon**. Ein Weggefährte Henris IV., Jean Louis de Nogaret de Lavalette, der spätere Herzog von Epernon, ließ sich dieses weitläufige, in U-Form angelegte Schloss in 30-jähriger Bauzeit errichten. Henri IV. soll den reichen und ehrgeizigen Adeligen zum Bau dieses Prachtschlosses ermuntert haben – in der weisen Voraussicht, dass ein ärmerer Herzog ihm weniger gefährlich sein würde. Verschwenderische Marmorkamine, bemalte Decken und Tapisserien schmücken das in seiner Architektur nüchtern-elegante Schloss, das 1828–1928 als Frauengefängnis diente.

TOP TIPP Mittelalter pur findet man im nahen **St-Macaire** mit seinen schmalen Gassen und trutzigen Wehrmauern. Die ausgesprochen schöne *Place du Mercadiou* umgeben Arkadenhäuser aus dem 15./ 16. Jh. mit gotischen und Renaissance-Fassaden, manche mit originalen, steinernen Fensterkreuzen. Teile der alten Befestigungsmauern zur Garonne hin sind noch erhalten, ebenso drei Stadttore aus dem 12. Jh. Besonders beeindruckend ist die *Porte de Benauge* mit Uhrturm und Stadtglocke aus dem 14. Jh. Die einzige Kirche des Ortes, **St-Sauveur** (12.–15. Jh.), gehörte zu einer inzwischen nicht mehr bestehenden Benediktinerabtei. Sie bewahrt in der Apsis sehenswerte gotische Fresken, die Szenen aus dem Leben des hl. Johannes darstellen. Schließlich besitzt das kleine St-Macaire als Attraktion noch das für diese Gegend ungewöhnliche, aber interessante **Musée des Poissons Tropicaux** (tgl. 10–19 Uhr) neben der Porte de Benauge. In mehreren fantasievoll ausgestatteten Aquarien werden seltene, farbenprächtige Fische aus tropischen Gewässern gehalten.

Praktische Hinweise

Information: Office de Tourisme, 8, place de la Libération, Cadillac, Tel. 05 56 62 12 92, Fax 05 56 76 99 72. – Syndicat d'Initiative, St-Macaire, Tel. 05 56 63 03 64, Fax 05 56 63 08 88

Restaurant

L'Abricotièr, 2, rue Bergoeing, St-Macaire, Tel. 05 56 76 83 63. Eine gute Adresse für regionale Spezialitäten, z. B. *Lamproie*, Neunauge, frisch aus der Garonne.

25 Blaye

In der einstigen Festung über der Gironde haben sich heute Künstler angesiedelt.

Das Flüsschen Saugeron und die Eisenbahngleise trennen das eigentliche Städtchen Blaye (4700 Einw.) von der westlich davon auf dem Steilufer über der Garonne liegenden Festung **La Citadelle**. Zwei gewaltige, wappengeschmückte Tore erlauben den Zugang in die 33 ha große Zitadelle: Die im Süden gelegene **Porte Dauphine** ist Fußgängern vorbehalten, die ausgeschilderte **Porte Royale** im Nordosten ist auch für den Autoverkehr geöffnet.

Sébastien de Vauban ließ die monumentale Festung, deren Vorgängerbauten bis auf das Mittelalter zurückgehen, 1685–89 auf einem Hügel über der Gironde errichten, von dem aus man den breiten, träge dahinfließenden, bräunlichen Strom überblickt. Das Bollwerk bildete mit dem *Fort Médoc* am anderen Ufer und dem *Fort Paté* auf einer Insel im Fluss einen Verteidigungsriegel für Bordeaux. Die Anlage musste jedoch nur einmal, im Jahre 1814 ihre Tauglichkeit beweisen, als die englische Flotte sie – vergeblich – belagerte. Wie alle Vaubanschen Anlagen ist auch La Citadelle optimal dem Gelände angepasst, was hier die Konstruktion in Form eines halben Stern bedeutet. Im Westen bot das Steilufer der Gironde natürlichen Schutz. Die massigen, größtenteils begehbaren **Mauern** umschließen ein Areal von 18 ha, das bis zum Ersten Weltkrieg einer Garnison Platz bot. Heute zählt es als eigenes **Stadtviertel**, im südlichen Bereich haben sich einige Künstler und Kunsthandwerker in den historischen Gemäuern niedergelassen und verkaufen ihre Werke.

Am zentralen einstigen Exerzierplatz war in der *Maison du Commandant d'Armes* 1832/33 Marie-Caroline, Herzogin von Berry, inhaftiert. Sie hatte in der Vendée einen Aufstand gegen den Bürgerkönig Louis Philippe angezettelt, um ihren Sohn Henri, Herzog von Burgund, zum König zu machen. Arrest und politische Hoffnungen endeten mit der damals skandalösen Schwangerschaft der bereits seit längerem verwitweten Herzogin. Die Ausstellung **Conservatoire de l'Estuaire de la Gironde** an der *Place d'Armes* dokumentiert anhand von Modellen, Navigationsinstrumenten und Dias das Leben am Fluss (April–Okt. 13–19 Uhr).

Im Nordwesten der Zitadelle liegt als Teil der Festungsmauern die **Tour de l'Aiguillette**, von der sich ein weites Panorama über den breiten Mündungstrichter der Gironde bietet. Auch vom spitz zulaufenden Vorsprung **Bastion des Pères** im Süden sieht man noch einmal sehr schön den Fluss, den Stadtkern von Blaye sowie unterhalb der Festungsmauern den winzigen Weinberg Echauguette.

Praktische Hinweise

Information: Office de Tourisme, allées Marine, Blaye,
Tel. 05 57 42 12 09, Fax 05 57 42 91 94

Schiff

Autofähre Blaye – Lamarque (30 min.), Tel. 05 57 42 04 49.

Camping

Camping Municipal, Tel. 05 57 42 00 20. Kleiner, einfacher Campingplatz innerhalb der Zitadelle. Man zeltet auf den begrünten Festungsmauern.

Hotel

La Citadelle, place d'Armes, Blaye,
Tel. 05 57 42 17 10, Fax 05 57 42 10 34. Nahe den Festungsmauern ruhig in Gebäuden eines ehem. Minoritenklosters von 1610 gelegenes Hotel mit herrlicher Restaurantterrasse und Blick auf die Gironde. Swimmingpool.

26 Médoc

Synonym für große Weine.

Wie ein Zeigefinger schiebt sich eine Halbinsel von Bordeaux aus nördlich in Richtung Ozean. Ihre östliche Hälfte, 80 km lang und 5–10 km breit, ist als Médoc bekannt. Die sanft gewellte, im Norden von Kanälen durchzogene Landschaft liegt *in medio aquae*, inmitten von Wasser. Atlantik und Gironde umschließen das Anbaugebiet hochwertiger **Bordeaux-Weine**, für deren Erzeugung die kargen Kiesböden zusammen mit dem warmfeuchten Mikroklima beste Voraussetzungen bieten. Hier liegen so weltberühmte Weingüter wie Château Margaux, Château Mouton-Rothschild oder Château Lafite-Rothschild.

Haut-Médoc

Die südliche, größere Hälfte der Region, etwa bis zum Dorf Vertheuil, wird als oberes, als Haut-Médoc bezeichnet. Von Bordeaux aus folgt man der D 2 nordwärts und erreicht nach wenigen Kilometern **Macau**, ein stilles Dorf mit romanischer, im 19. Jh. umgebauter Kirche und dem idyllischen Flusshafen *Port de Macau*. Gerne unternehmen Familien aus Bordeaux einen Wochenendausflug hierher und genießen fangfrische Garnelen aus der Gironde.

Wahrscheinlich würde kaum jemand das kleine Dorf **Margaux** kennen, läge nicht in seiner Gemeinde die renommierte gleichnamige Appellation Margaux. Zur Spitzenklasse zählen die als *Premiers Grands Crus Classés* geadelten Weine des **Château Margaux**. Eine Allee führt zu dem neoklassizistischen Schlösschen (1810–16) mit ionischem Säulenportal. Eine Besichtigung der Keller ist nur nach rechtzeitiger Anmeldung möglich (Tel. 05 57 88 83 83, Fax 05 57 88 31 32). Anders im nahen **Château Maucaillou**, 1875 im Renaissancestil bei dem Örtchen Moulis erbaut. Hier gibt in ausgedienten Lagern das *Musée des Arts et Métiers de la Vigne et du Vin* (Mo–So 10–12 und 14–17 Uhr) Einblick in die historische Kunst des Kelterns und die wechselhafte Geschichte des Weinbaus im Médoc. Sogar eine Küferei wurde zu Demonstrationszwecken eingerichtet, um Weinfässer aus Eichenholz herzustellen.

Im Dorf Lamarque weist ein Schild zum Gironde-Hafen **Port de Lamarque**, von dem aus eine kleine Autofähre nach Blaye übersetzt. Direkt am Ufer kann man die Überreste des **Fort Médoc** besichtigen (Mitte Juni–Mitte Sept. tgl. 9–17 Uhr), das Vauban Ende des 17. Jh. baute. Über eine prächtige Allee erreicht man die mit einer Sonne geschmückte *Porte Royale*, das Eingangstor zu der überschaubaren Anlage. Neben einstigen Kasernen sind Kapelle, Zisterne und Pulvermagazine erhalten. Vom Wachhaus *Corps de Garde* hat man einen weiten Blick über die breite Gironde bis zur gegenüberliegenden Festung von Blaye.

Berühmte Weinschlösser prägen das Médoc, etwa Château Lafite-Rothschild **(oben)** *oder Château Margaux* **(Mitte)**. *Einen überraschenden Schwerpunkt setzt Château Lanessan mit dem Musée Hippomobile* **(unten)** ▷

Das wenige Kilometer entfernte **Château Lanessan** bietet in ungewöhnlicher Landhausarchitektur ein sehenswertes *Musée Hippomobile* (tgl. 9–12 und 14–18 Uhr). Der Bordelaiser Reeder Jean Delbos hatte den Besitz 1793 erworben, sein Sohn ließ die Ställe mit Futtertrögen aus Marmor, Klima- und Futterportionieranlage sowie fließendem Wasser ausstatten! In diesem geradezu luxuriösen Umfeld kann man historische Pferdekutschen bewundern.

Pauillac ist Weinliebhabern ein Begriff, liegen doch innerhalb der Gemeinde die weltbekannten Güter Château Mouton-Rothschild, Latour und Lafite-Rothschild. Das Hafenstädtchen selbst besitzt eine einladend gestaltete, von Blumenrabatten und Geschäften gesäumte Uferpromenade entlang des großen Jachthafens – lediglich das Atomkraftwerk am jenseitigen Ufer der Gironde stört die Idylle. Die Weine des bekannten **Château Mouton-Rothschild** nord-

Für rund 91,5 Mio. € kaufte die Winzerfamilie Merlaut vor wenigen Jahren das hochherrschaftliche Château du Cos d'Estournel mit seinen 60 ha Weingärten

westlich von Pauillac bei Pouyalet hatten bei der ersten Klassifizierung 1855 [s. S. 86] ›nur‹ den Rang *Deuxième Cru* erreicht. Erst 1973, nach langem Ringen des damaligen Besitzers Baron Philippe de Rothschild, wurde die Klassifikation revidiert. Seitdem zählt der Château Mouton-Rothschild auch offiziell zur ersten Garde, zu den *Premiers Grands Crus Classés*. Bei einer Besichtigung des Gutes schreitet man durch die beeindruckenden Weinkeller und bewundert Etiketten, die seit 1945 von namhaften Künstlern wie Pablo Picasso, Andy Warhol, Marc Chagall oder Salvador Dalí gestaltet wurden. Im 1963 eingerichteten **Privatmuseum** ist eine einzigartige Sammlung von Kunstwerken zu sehen, die alle – ob Wandteppich, Skulptur oder Porzellan – in Zusammenhang mit Wein stehen (Besichtigung mit oder ohne Degustation nach Voranmeldung, Tel. 05 56 73 21 29).

Die meisten Châteaux sind architektonisch in der gediegenen Eleganz des 19. Jh. gehalten. Daher überrascht etwa 3 km nördlich, unmittelbar in einer Kurve rechts an der D 2 das **Château du Cos d'Estournel**. Der flache, im Geviert erbaute Weinkeller (Besichtigung nach Voranmeldung, Tel. 05 56 73 15 50) ist außen mit Blendarkaden versehen und die drei achteckigen Türmchen an der Frontseite erinnern an Pagoden. Der Soldat, Reisende und Lebemann Louis Gaspard d'Estournel ließ das originelle Gebäude 1830 erbauen und setzte als Eingangsportal nichts Geringeres als das Tor des Sultanspalastes von Sansibar ein. Seinen erstklassigen Wein tauschte der Pferdeliebhaber bevorzugt gegen Vollblüter aus Arabien bzw. Vorderasien, was ihm den Beinamen *Maharadscha von Saint-Estèphe* einbrachte.

Bas-Médoc

Der kleine Ort **Vertheuil** unterhalb der Ruinen einer Burg aus dem 12. Jh. besitzt im Zentrum eine dreischiffige romanische *Klosterkirche* (11./12. Jh.) mit interessantem Skulpturenschmuck. Das Portal z. B. zeigt Szenen des Jüngsten Gerichts. Auffällig ist auch der achteckige Glockenturm. Touristen fahren von Vertheuil aus gern zu dem rund 5 km entfernten Weinort **St-Estèphe**. Dicht um die Kirche drängt sich das Dörfchen. Es besitzt eine Anlegestelle an der Gironde und eine *Maison du Vin*, in der man sich über die Weine der mit

Wenn im Herbst im Médoc die Weinlese beginnt, brauchen die Winzer jede Hilfe; auch die Kinder packen kräftig mit an

1370 ha Anbaufläche drittgrößten Appellation des Médoc informieren kann.

Eine landschaftlich schöne Strecke verläuft ab **St-Christoly** in Ufernähe über die malerischen Mini-Häfen *Port de By* und *Port de Goulée*, an denen man bei einem Teller Austern die friedliche Stimmung genießen kann. Nördlich davon verändert sich die Landschaft, wird flacher und zunehmend von kleinen Kanälen durchzogen. Holländische Ingenieure hatten sie im 16./17. Jh. angelegt, um das früher morastige Flachland trockenzulegen. Von Port de Goulée aus erreicht man nach ca. 6 km den gut ausgeschilderten **Phare de Richard**. Der nach Richard Löwenherz benannte Leuchtturm steht am Ufer der Gironde inmitten einer Polderlandschaft. Obwohl er nur 18 m hoch ist, hat man von seiner Spitze einen ausgezeichneten Blick über den hier 13 km breiten Mündungstrichter bis zu den Kreidefelsen bei Talmont am anderen Ufer. In der einstigen Leuchtturmwärterwohnung im Erdgeschoss ist eine kleine *Ausstellung* (im Sommer tgl. 15–19 Uhr) zur Geschichte des Turms sowie zum Fischfang in der Gironde zu sehen.

Nicht nur die Landschaft erinnert an die Niederlande, auch der **Moulin de**

Hitliste der edlen Tropfen

Rund ein Drittel der großen französischen Weine produzieren die Winzer des **Bordelais**. *Die Anbauflächen zeichnen sich durch sonniges, mildes Klima sowie eher magere Kies-, Sand- oder Kalkböden aus, die tagsüber Wärme speichern und sie nachts wieder abgeben. Das Bordelais gehört mit seinen rund 1000 km² zu den größten Weinbaugebieten der Welt. Es besteht aus etwa 40 unterschiedlichen Regionen,* **Appellations** *genannt, deren Größen von 6 km² (Moulis-Médoc) bis ca. 120 km² (Entre-Deux-Mers) reichen. Jedes Jahr werden rund 500 Mio. Flaschen mit der Bezeichnung* **Appellation contrôlée** *abgefüllt. Für diese ›kontrollierte Qualität‹ sorgen Weinbruderschaften,* **Connetablies**. *Dies sind Gilden, zu denen sich die meisten Winzer einer Appellation freiwillig zusammengeschlossen haben. Ihre neuen Weine werden offiziell verkostet, um die Zulassung,* **Agrément**, *zum Handel zu erhalten.*

Die Lagen, aus deren Reben gleichartige, hochwertige Weine gewonnen werden, nennt man **Crus** *oder* **Grand Crus** *(großer Wein), worauf der Name des jeweiligen Gutes folgt. Weitere Einteilungen beziehen sich auf eine solche Herkunftsbezeichnung und basieren auf den erzielten Preisen, welche Rückschlüsse auf die Qualität zulassen. Eine erste derartige* **Klassifikation** *nahm der französische Verband der Weinmakler 1855 zur Zeit Napoleons III. für die Weine des Médoc vor. Erst 1953 klassifizierte man die Graves-Weine und 1954 die aus St-Émilion. Die teuersten Weine wurden zu* **Premier Grand Cru Classé** *gekrönt, die zweitteuersten zu ›Deuxième Cru‹ usw. bis zu ›5ième Cru‹. Bisher gab es nur eine einzige Revision dieser Einteilung im Jahre 1973, die 1855 ›vergessene‹ oder noch nicht existierende Weingüter und deren Erzeugnisse mit aufnahm. Neben den noblen ›Grands Crus Classés‹ haben auch die auf kleinen Gütern und in Genossenschaften hergestellten* **Crus Bourgeois** *und* **Crus Artisans** *ihren festen Platz unter den Bordeaux-Weinen.*

Vensac, eine 4 km südlich von St-Vivien-de-Médoc gelegene Mühle. Direkt am Wegrand erhebt sich ihr weißer Baukörper mit dem spitzkegeligen hölzernen Aufsatz. Sie ist die einzige der früher im Médoc so zahlreichen Windmühlen, die heute noch bzw. wieder in Betrieb ist. Zwar bewirtschaftet sie seit 1939 kein Müller mehr, aber dank eines Traktorenantriebs drehen sich die 50 m² Segel als Touristenattraktion heute selbst an windstillen Sommertagen. Bei einer Besichtigung (Juli/Aug. tgl. 10–12.30 und 14.30–18.30 Uhr, Juni/Sept. nur Sa/So) kann man die Abläufe im Innern verfolgen und anschließend frisch gemahlenes Mehl einkaufen.

Praktische Hinweise

Information: Syndicat d'Initiative, Mairie, Macau, Tel. 05 57 88 42 11. – Maison du Tourisme, 18, quai Jean Fleuret, Pauillac, Tel. 05 56 59 03 08, Fax 05 56 59 23 38, Internet: www.pauillac-medoc.com

Schiff

Bac Lamarque – Blaye, Tel. 05 57 42 04 49. Die Autofähre braucht 30 Min. für die Überfahrt.

Camping

Camping Municipal Les Gabarreys, route de la Rivière, Pauillac,

Tel. 05 56 59 10 03, Fax 05 56 73 30 68. Komfortabler Campingplatz am ebenen, baumbestandenen Ufer der Gironde.

Hotels

TOP TIPP **Château Cordeillan-Bages**, route des Châteaux, Pauillac, Tel. 05 56 59 24 24, Fax 05 56 59 01 89, Internet: www.cordeillanbages.com. Luxuriöses Hotel mit ausgezeichnetem Restaurant in einem Château des 17. Jh. Elegant eingerichtete Zimmer. Angegliedert eine Weinschule.

Château Pomys, Leyssac, St-Estèphe, Tel. 05 56 59 73 44, Fax 05 56 59 30 25. Freundliches Hotel in einem Weingut, das Cru Bourgois produziert. 10 angenehme Zimmer mit moderatem Komfort. Anbei kleiner Campingplatz.

De France et d'Angleterre, 3, quai Albert Pichon, Pauillac, Tel. 05 56 59 01 20, Fax 05 56 59 02 31. Ordentliches Hotel gegenüber dem Jachthafen.

Le Pavillon de Margaux, 3, rue Georges Mandel, Margaux, Tel. 05 57 88 77 54, Fax 05 57 88 77 73, Internet: www.pavillondemargaux.com. Das gepflegte Hotel in der einstigen Dorfschule kann mit einem guten Preis-Leistungs-Verhältnis aufwarten.

Restaurants

Auberge Le Savoie, place de la Trémoille, Margaux, Tel. 05 57 88 31 76. Empfehlenswertes Restaurant mit gemäßigten Preisen (So geschl.).

Château Layauga, Gaillan-en-Médoc, Tel. 05 56 41 26 83. Die kreativen Gaumenfreuden des luxuriösen Feinschmeckerrestaurants wurden mit einem Michelin-Stern ausgezeichnet.

La Maison du Douanier, St-Christoly, Tel. 05 56 41 35 25. Am friedlichen Flusshafen mit Blick auf die Gironde. Bekannt ist das Lokal für ausgezeichnete Meeresfrüchte, die man stimmungsvoll auf der Aussichtsterrasse genießt.

27 Soulac-sur-Mer

Einer der schönsten Badeorte an der feinsandigen, nördlichen Silberküste.

Im Mittelalter landeten bei der Ortschaft **Soulac-sur-Mer** die Jakobspilger von den britischen Inseln, um von hier aus weiter durch die damals sehr unwirtlichen *Landes* nach Santiago de Compostela zu wandern [s. S. 49]. Für diese ersten ›Touristen‹ an der Atlantikküste wurde im 12. Jh. die romanische Benediktinerkirche **Notre-Dame-de-la-Fin-des-Terres** mit asymmetrischer, dreigeteilter Fassade am nordöstlichen Ortsrand erbaut. Ihr Glockenturm diente der Schifffahrt als Navigationshilfe. Ende des 18. Jh. war die Kirche fast völlig von Wanderdünen zugedeckt, erst 1859 wurde sie freigelegt und restauriert. Der 44 m lange Baukörper – Querschiff und Vierungsturm sind nicht mehr erhalten – liegt heute in einer Bodensenke, in die 10 Stufen hinabführen. Die Fenster der Apsis und der Seitenkapellen scheinen sehr tief zu liegen, was auf die Sandverwehung zurückzuführen ist. Im Chor und in den Seitenkapellen kann man schöne Kapitelle entdecken.

Heute ist Soulac-sur-Mer, das mit dem südlich liegenden Nachbardorf *L'Amélie-sur-Mer* zusammengewachsen ist, ein beliebter Badeort mit herrlichem **Sandstrand** und schöner Promenade. Hier kann man einkaufen oder flanieren, das Sportangebot reicht von Badminton bis Wasserski. Eine vorgelagerte Sandbank schirmt den Strand vor allzu hohem Wellengang ab, so dass sich hier auch Familien mit Kindern unbesorgt vergnügen können.

Ausflug

Eine Schmalspurbahn bringt Ausflügler vom Strand von Soulac zur **Pointe de Grave**, der äußersten Nordspitze des Médoc. Das bewaldete, flach auslaufende Kap endet an dem Hafen *Port-Bloc*, von dem aus eine **Autofähre** über die Gironde ins gegenüberliegende Royan ablegt. Hier starten auch die Ausflugsboote zum Leuchtturm **Phare de Cordouan** in der Flussmündung [s. S. 57].

Praktische Hinweise

Information: Office de Tourisme, 68, rue de la Plage, Soulac-sur-Mer, Tel. 05 56 09 86 61, Fax 05 56 73 63 76, Internet: www.soulac.com

Schiff

Les Bacs Girondes, Tel. 05 56 73 37 73. 30-minütige Überfahrt mit der Autofähre von der Pointe de Grave nach Royan.

Phare de Cordouan, Tel. 05 56 09 62 93. Der Ausflug zum Leuchtturm findet April–Okt. täglich statt, Dauer 3 Std.

Ruhiger als am nahen Atlantik geht es hier bei Le Moutchic am Étang de Lacanau zu

28 Côte d'Argent

Weiter Sandstrand, rollende Brandung und ruhige Binnenseen im Kiefernwald.

Der 200 km lange, wie mit dem Lineal gezogene Küstenstreifen von der Girondemündung bis zum Baskenland wird wegen seines hellen Sandstrandes ›Silberküste‹, **Côte d'Argent**, genannt. Fährt man von Soulac-sur-Mer südwärts, passiert man **Le Gurp** und **Montalivet-les-Bains**, Strandorte im küstennahen Kiefernwald mit herrlichen Badegelegenheiten und Mekka der französischen *FKK-Freunde*. Montalivet ist überdies ein Zentrum der *Strandsegler*, in dem auch Kurse angeboten werden.

Südlich davon eröffnet der mit 60 km^2 größte See Frankreichs, der **Lac d'Hourtin et de Carcans**, eine Kette reizvoller, miteinander verbundener Binnenseen entlang der Küste. Süß- und Salzwasser, friedliche Seen und brandungsreiches Meer laden zu allen nur erdenklichen Bade- und Wassersportfreuden ein und bieten somit ideale Bedingungen für Familienurlaub. Der Ort **Hourtin** mit seiner See-Dependance **Hourtin-Port** offeriert überdies ein breites Unterhaltungsprogramm für Kinder. Bei *Hourtin-Plage* genießen Wellenreiter die kräftige Brandung des Ozeans; Schwimmer sollten allerdings vorsichtig sein und die Strömungen nicht unterschätzen. Am südwestlichen Seeufer lockt die **Base de Bombannes**, ein großes Wassersportzentrum mit umfangreichem Angebot für Segler, Surfer und Wasserskiläufer, und der im Sommer stark frequentierte Ort **Maubuisson**, dessen feiner, flacher Sandstrand ausgesprochen kinderfreundlich ist. Radsportler werden den gut 10 km langen Fahrradweg durch den Kiefernwald schätzen, der Maubuisson mit dem Badeort Le Moutchic am **Étang de Lacanau** verbindet. Der schöne, von üppigem Grün eingefasste Nachbarsee liegt in einigen Bereichen relativ ruhig, was vor allem Angler schätzen.

TOP TIPP Turbulent geht es dagegen im Sommer in **Lacanau-Océan** 3 km südlich an der Küste zu. Besonders während der *Weltmeisterschaften im Wellenreiten* Mitte August, wenn sich hier die international Besten ihres Faches messen. Das Meer sowie ein umfassendes Freizeit- und Fitnessangebot – Wassersport, Reiten, Tennis, Golf und 100 km Radwege im Umland – ziehen vor allem die jüngere Generation an.

Praktische Hinweise

Information: Office de Tourisme, place de l'Europe, Lacanau-Océan, Tel. 05 56 03 21 01, Fax 05 56 03 11 89

Camping

Hélio Marin, Vendays-Montalivet, Tel. 05 56 09 30 47, Fax 05 56 09 32 15. Genau das Richtige für *Naturistes*, wie FKK-Anhänger dezent genannt werden; landeinwärts hinter den Dünen gelegen. Neben Plätzen für Zelte und Campmobile kann man auf der ausgedehnten Anlage, die allen Komfort bietet, auch Häuschen mieten.

Hotel

L'Oyat, front de la Mer, Lacanau-Océan, Tel. 05 56 03 11 11, Fax 05 56 03 12 29. Solides, angenehmes Hotel in schöner Lage direkt am Meer.

Restaurants

Auberge du Marin, 4, rue du Lion, Lacanau, Tel. 05 56 03 26 87. Bei schönem Wetter wird im Garten der familiären Pension Bodenständiges serviert, etwa *Moules*, Miesmuscheln, oder *Assiette fruits de mer*, gemischte Meeresfrüchte.

Restaurant du Porge, 30, avenue d'Arcachon, Porge, ca. 12 km südlich von Lacanau, Tel. 05 57 70 92 92. Im hellen, von Pflanzen aufgelockerten Gastraum speist man vorzugsweise Fisch, z. B. *Rôti de lotte au beure*, gegrillter Seeteufel in Butter.

29 Bassin d'Arcachon

Zwischen Austernzucht und Wassersport, Badetourismus und Vogelschutz.

Das Bassin d'Arcachon bildet die einzige Unterbrechung in der ansonsten schnurgeraden Küstenlinie von der Girondemündung bis zu den Pyrenäen. 250 km² Fläche nimmt das etwa dreieckige Becken ein. Es ist nur wenige Meter tief, von feinsandigem Untergrund und besitzt im Südwesten zwischen den Badeorten Arcachon und Cap Ferret einen 3 km breiten Zugang zum Meer. Im Rhythmus der Gezeiten füllt es sich mit frischem Meerwasser, dann eilen die Muschelzüchter mit ihren flachen Kähnen (*Pinasses*) geschäftig zwischen Häfen und **Austernbänken** hin und her. Nachdem lediglich kleine Zuflüsse wie die L'Eyre das Becken mit Süßwasser speisen, sinkt der Wasserstand bei Ebbe beträchtlich. Dann wird der Blick auf die Gestelle der Austernzuchtparks zumindest teilweise frei, Segel- und Motorboote sinken in den Uferschlick.

Die Insel **Île aux Oiseaux** inmitten des Bassins, die vorgelagerte Sandbank **Banc d'Arguin** im Meer und das Mündungsdelta der **L'Eyre** sind wichtige Reservate für Wasser- bzw. Zugvögel und stehen daher unter Naturschutz. Gleichwohl sind sie im Sommer das Ziel vieler Ausflügler [s. S. 93].

Gut 80 km legt man zurück, wenn man das Bassin umrundet. Ausgangspunkt ist der elegante Badeort **Cap Ferret** im Kiefernwald am Ende der schmalen Landzunge. Wohlhabende bordelaiser Bürger ließen hier Anfang des 19. Jh. Ferienvillen erbauen, in den 60er-Jahren des 20. Jh. kamen zurückhaltende Apartment- und Bungalowanlagen dazu. Die Strände bestehen sowohl zum Becken als auch zum Meer hin aus feinem, hellem Sand, laufen flach aus und sind daher ideal für Kinder. Eine kleine Personenfähre verbindet das ruhige Cap Ferret mit dem belebteren Arcachon.

Vor Cap Ferret liegen ausgedehnte Austernbänke, dahinter sieht man auf der anderen Seite des Bassin die Dune du Pilat

Den sicherlich schönsten Panoramablick über die Küstengewässer und das Bassin d'Arcachon bis zur Dune du Pilat hat man vom **Phare de Cap Ferret** (Juli/Aug. tgl. 10–12 und 14–18, sonst Mi–Mo 15–17 Uhr) am südlichen Stadtrand. Der Leuchtturm wurde 1946–47 erbaut und ragt mit 52 m über die Kiefern ringsum hinaus. In seinem Innern führt ein Aufzug nach oben, aber dessen Benutzung ist Fremdenführern vorbehalten. Alle anderen müssen zu Fuß aufsteigen, die Aussicht macht jedoch die Anstrengung wett: An der Spitze des Kaps bricht sich die Ozeanbrandung mit dem ruhigeren Bassinwasser und der Blick auf die Sanddüne von Pilat im Süden auf der anderen Seite der Meerenge ist grandios. Sie wirkt wie grün eingefasst, im Landesinnern von Kiefernwald, jenseits von unergründlich smaragden schimmerndem Wasser.

TOP TIPP

In dem zusammenhängenden Siedlungsband von Cap Ferret bis Lège verstecken sich die alten Ortskerne von idyllischen Dörfern wie L'Herbe, Le Canon oder Le Grand und Le Petit Piquey. Östlich der quirligen Ferienorte Andernos-les-Bains und Lanton sind die qualmenden Schornsteine der Zellulosefabrik bei Biganos nicht zu übersehen. Im Mündungsbereich des Flüsschens L'Eyre wurde 1972 das 120 ha große Naturreservat **Parc Ornithologique du Teich** für mehr als 260 Vogelarten eingerichtet (tgl. 10–18, Juli/Aug. bis 20 Uhr). Ein weitgehend schattiger Spazierweg von 3 km, *Sentier du Cigogne*, bzw. 6 km Länge, *Sentier de l'Oie*, erschließt hier die Küstenlandschaft mit schilfbestandenen Teichen, kleinen Kanälen und würzig duftender Vegetation. Von Unterständen aus kann man im Juli und August u.a. Seidenreiher, Kormorane, Eisvögel, Flussuferläufer, Alpenstrandläufer, Zwergseeschwalben und Störche in ihren Horsten beobachten. Ferngläser können beim Parkeingang an der D 650 in der **Maison de la Nature** ausgeliehen werden, Plakate zur Vogelbestimmung mit deutschen Bezeichnungen findet man in den Beobachtungsunterständen. Fehlt also nur noch ein Mückenschutz ... Es besteht auch die Möglichkeit, ein Kanu oder Kajak zu mieten und auf der L'Eyre oder im Bassin zu paddeln (Tel. 05 56 22 80 93). Vor der Maison de la Nature kann man im Glashaus **La Serre aux Papillons** frei fliegende, farbenprächtige exotische Schmetterlinge erleben (April– Okt. tgl. 10–18 Uhr).

Gujan-Mestras ist, abgesehen von dem starken Durchgangsverkehr, trotz seiner 15 000 Einwohner ein beschaulicher Ort, nennt sich jedoch stolz *Capitale Ostréicole*, ›Hauptstadt der Austernkultur‹. In seinen sieben nebeneinander liegenden kleinen Häfen sind flache Kähne vor pittoresken hölzernen Boots-

Glücklich ist, wer vor der strahlenden Sonne Schutz im kühlen Schatten seines Ferienhäuschens, hier in L'Herbe, suchen kann

Putzige Tiere – einheimische Vögel wie Pelikane, Reiher, Gänse oder Enten kann man sehr schön im Parc Ornithologique du Teich beobachten

häuschen (*Cabanes*) vertäut. Am *Port de Larros* informiert das kleine Museum **Maison de l'Huître** über die Entwicklung von Austern und deren Zucht (Juli–Sept. tgl. 10–12 und 15.30–18.30, Mai/Juni Sa/So 15.30–18 Uhr). Nach einem Besuch kann man in einem der Restaurants nebenan Muscheln oder *Palourdes*, Venusmuscheln, ganz frisch mit einem Gläschen Weißwein probieren.

Im benachbarten **La Hume** findet man drei weitere Attraktionen (Juni–Sept. tgl. 10–19 Uhr): Im **Village Médiéval d'Artisan**, dem mittelalterlichen Künstlerdorf, werden alte Handwerkszweige vorgestellt. An heißen Tagen lädt

Nur langsam hielt der Tourismus in Gujan-Mestras Einzug, das sich den Charme eines beschaulichen Fischer- und Austernzüchterdorfes in weiten Teilen erhalten konnte

Mitte August feiert Arcachon die Fête de la Mer. Höhepunkt ist das Defilee der Jachten, zu dem sich Segel- und Motorboote des gesamten Küstenabschnitts formieren

das **Aqualand** mit diversen Rutschen und Wasservergnügungen zu Spiel und Spaß im kühlen Nass ein. Der Streichelzoo **La Coccinelle** schließlich begeistert vor allem Kinder, die hier Lämmer, Ferkel, Zicklein und Kälber mit der Flasche füttern dürfen.

Praktische Hinweise

Information: Office de Tourisme Lège-Cap Ferret, 1, avenue de Général de Gaulle, Claouey (am nördlichen Beginn der Landzunge), Tel. 05 56 03 94 49, Fax 05 57 70 31 70. – Office de Tourisme, 19, avenue du Maréchal de Tassigny, Gujan-Mestras, La Hume, Tel. 05 56 66 12 65, Fax 05 56 22 01 41

Camping

Le Truc Vert, Abzweig der D 106, zwischen Le Petit Piquet und Piraillan, Tel. 05 56 60 89 55, Fax 05 56 60 99 47. Ausgedehnte Anlage im Kiefernwald, 300 m vom Meer. Mit Kinderspielplatz, Fahrradverleih und Diskothek.

Hotels

De la Plage, 1, rue des Marins, L'Herbe (Gemeinde Lège-Cap Ferret), Tel. 05 56 60 50 15. Sehr kleines Hotel im pittoresken alten Ortskern.

Maison du Bassin/Le Bayonne, 5, rue des Pionniers, Cap Ferret, Tel. 05 56 60 60 63, Fax 05 56 03 71 47. Nahe des Leuchtturms gelegenes Haus mit Ausflugsrestaurant Bistrot du Bassin.

Restaurants

L'Escale, 2, avenue de l'Océan, Cap Ferret, Tel. 05 56 60 68 17. Schöne Lage an der Bootsanlegestelle zum Bassin hin. Hier genießt man frische Austern, Fisch oder gegrillte Tintenfischchen.

Les Pavois, Port de Larros, Gujan-Mestras, Tel. 05 56 66 38 71. Restaurant mit Terrasse direkt neben dem kleinen Austernmuseum. Bekannt für Fisch und Meeresfrüchte.

30 Arcachon

Das Seebad der Belle Époque.

Zwei sehr unterschiedliche Gesichter hat Arcachon, der im Sommer sehr umtriebige Badeort an dem nach ihm benannten Bassin: einesteils die **Sommerstadt**, Ville d'Été, unmittelbar am Wasser, auf der anderen Seite die ältere Ville d'Hiver, die höhergelegene, großzügige **Winterstadt** mit herrlichen Belle-Époque-Villen im Kiefernwald. Die Beliebtheit Arcachons ist ungebrochen: Im Sommer übersteigt die Zahl der Gäste die der rund 12 000 Einwohner um das Sechsfache.

Das Seebad entstand um 1860 in relativ kurzer Zeit. Der private Besuch Kaiser Napoleons III. Ende des 19. Jh. bescherte Arcachon internationales Renommé. In der **Ville d'Hiver** entstanden ein englischer Park und ein Casino in maurischem Stil, das 1977 einem Brand zum Opfer fiel. An seiner Stelle wurde an der Avenue Victor Hugo der **Parc mauresque** mit Palmen und prächtigen Rabatten angelegt. Man erreicht ihn von der Sommerstadt aus mit einem kleinen *Personenaufzug*, der am Ende der Fußgängerzone Avenue M. Lattre de Tassigny eingerichtet wurde.

Die **Ville d'Été** am Bassinufer bietet eine ganz andere Atmosphäre als die Ville d'Hiver. Zwischen Stadt und Wasser zieht sich auf stolzen 5 km Länge die breite Uferpromenade **Boulevard de la Plage**, im Westen **Boulevard de l'Océan**, hin. Hier schlendert man von Mole zu Mole, genießt einen Aperitif in einem der zahlreichen Cafés oder Restaurants, bummelt durch schicke Boutiquen oder sucht sich an dem kilometerlangen, parallel verlaufenden Strand *Plage d'Arcachon* ein Plätzchen zum süßen Nichtstun. Von den zentrumsnahen Fähranlegern *Jetée Thiers* und *Jetée d'Eyrac* starten Ausflugsboote zur **Tour de Île aux Oiseaux**. Während der zweistündigen Fahrt sieht man z. B. Seidenreiher und die beiden *Cabanes Tchanquées* (Stelzenhäuser) auf der Vogelinsel, von denen aus früher die Austernplätze im Bassin überwacht wurden. Man erlebt den chaotisch wirkenden Schiffsverkehr und fährt vorbei an Austernparks und Fischerdörfern. Weitere Bootsausflüge haben u. a. die Sandbank **Banc d'Arguin** zum Ziel – mit Picknick quasi im Meer.

TOP TIPP

Gegenüber der Jetée d'Eyrac zeigt das **Musée-Aquarium** (Juni–Aug. tgl. 10–12 und 14–20, Febr.–Nov. 10–12 und 14–19 Uhr) tropische und einheimische Fische, Muscheln sowie eine kleine Austernabteilung.

Im östlichen Teil des Boulevard de la Plage liegt das blendendweiße, von Rundtürmchen und schmalen Dachgauben geschmückte *Château Deganne*, in dem das **Casino** (Juni–Sept. tgl. 12–1, Okt.–Mai tgl. 21–1 Uhr) einlädt, bei einem Roulettespiel die Reisekasse auf-

Die Beleuchtung weist Nachtschwärmern den Weg: Im Gebäude des Spielkasinos von Arcachon lädt auch eine Diskothek zum Tanz bis in die frühen Morgenstunden ein

zubessern – oder zu schmälern. Noch weiter im Osten wurde im Stadtteil **Quartier de l'Aiguillon** der riesige, moderne Jachthafen *Port de Plaisance* angelegt. Ringsum weisen Ausrüstungsverleiher und Sportschulen auf ein umfangreiches sportliches Angebot hin. Man kann segeln, surfen, mit dem Meerkajak das Bassin erkunden, auf Tauchtour gehen, aber auch Tennis, Golf oder Pelote spielen, Drachen fliegen, Reiten oder Fahrrad fahren.

Im Westen geht der Boulevard de la Plage in den Boulevard de l'Océan über und führt zum Viertel *Le Moulleau*. Auf dem Weg dorthin passiert man den beliebten Sandstrand **Plage Pereire**, der über weite Strecken von einem gepflegten grünen Rasen gesäumt wird, bevor er südlich in die ebenfalls sehr schöne, helle **Plage des Abatilles** übergeht.

Top Tipp Dune du Pilat

Wie ein Schutzwall liegt die gewaltige Wanderdüne 8 km südlich von Arcachon zwischen Meer und Kiefernwald. Mit ihren 114 m Höhe ist sie die **höchste Düne Europas**. Etwa 3 km misst sie in der Länge und ist an ihrer Basis 500 m breit. Erstmals wurde Ende des 15. Jh. vor der Küste eine Sandbank namens *Lous Pillars* urkundlich erwähnt. Der Wind trieb ihr ›Baumaterial‹ immer mehr auf das Land zu, bis der Sand im 16./17. Jh. die Küste erreicht hatte – die Dune du Pilat war geboren. 1851 hatte sie noch eine Höhe von 83 m, ist aber dauernd in Bewegung. Der Wind verändert täglich ihre Form, häuft sie weiter auf und treibt sie 4 m pro Jahr in den Kiefernwald des Inlands. Dieser Naturgewalt konnten selbst die *Bunker* des

Atlantikwalls nicht standhalten; sie waren um 1944 buchstäblich auf Sand gebaut worden und stürzten in den folgenden Jahrzehnten wie haltlose Bauklötze um. 1978 wurde die Düne unter **Naturschutz** gestellt, blieb jedoch in weiten Teilen für die Öffentlichkeit zugänglich. Jedes Jahr erklimmen sie knapp 1 Mio. Menschen; von der Landseite her erleichtern Treppen den Aufstieg.

Praktische Hinweise

Information: Office de Tourisme, Esplanade Georges Pompidou, Arcachon, Tel. 05 57 52 97 97, Fax 05 57 52 97 77, Internet: www.archachon.com

Schiff

Union des Bateliers Arcachonnais, 26, boulevard Veyrier Montagnères, Arcachon, Tel. 05 57 72 28 28, Fax 05 57 83 21 50. Bietet Ausflugsfahrten mit dem Boot und bedient die Personenfähre Arcachon bzw. Le Moulleau – Cap Ferret.

Hotels

**** **Arc-Hôtel sur Mer**, 89, boulevard de la Plage, Tel. 05 56 83 06 85, Fax 05 56 83 53 72, Internet: www.arc-hotel-arcachon.com. Ausgezeichnete Lage in der Ville d'Été am Strand von Arcachon zwischen Jachthafen und Casino.

Marinette, 15, allée José-Maria-de-Hérédia, Tel. 05 56 83 06 67, Fax 05 56 83 09 59. Ruhig in der Winterstadt gelegenes Hotel. Zimmer nur mit Frühstück.

TOP TIPP **Sémiramis** (Villa Teresa), 4, allée Rebsomen, Tel. 05 56 83 25 87, Fax 05 57 52 22 41. Eine Adresse für Liebhaber. Das dreistöckige Haus in der Winterstadt wurde 1882 aus teilweise emaillierten Kalk- und Ziegelsteinen in spanisch-maurischem Stil erbaut. ›Très belle Teresa‹ ist heute ein nostalgisches Hotel mit 24 Zimmern, liebevoll mit viel Plüsch ausgestattet. Die Decke des Speisesaals schmückt das Gemälde ›Hommage an die Musik‹ (1907/08), eingerahmt von schönstem Wiener Barockstuck.

Restaurants

Chez Yvette, 59, boulevard du Général Leclerc, Tel. 05 56 83 05 11. Gediegenes Restaurant, bekannt für Austern, Meeresfrüchte und köstliche Fischgerichte. Die *Sole aux cèpes* beispielsweise, Seezunge an Steinpilzen, ist ein Gedicht.

Le Patio, 10, boulevard de la Plage, Tel. 05 56 83 02 72. Empfehlenswertes Lokal des Küchenchefs Bruno Falgueirettes um einen kleinen, begrünten Innenhof nahe dem Jachthafen.

Les Genêts, 25, boulevard du Général Leclerc, Tel. 05 56 83 40 28. Gutes Preis-Leistungs-Verhältnis. Hier kann man feinen *Bar rôti verdurette* probieren, Wolfsbarsch an Gemüse.

◁ *Der Aufstieg ist anstrengend, doch der weite Blick von der Dune du Pilat über Atlantik auf der einen, Kiefernwälder auf der anderen Seite entschädigt für alle Mühen*

Les Landes – Silberküste und Kiefernwälder

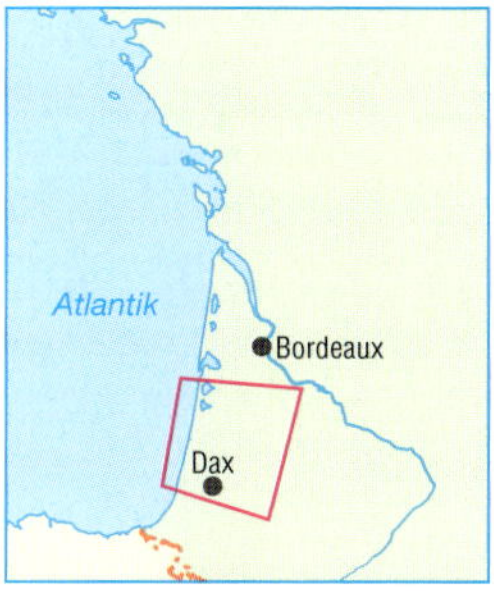

Südlich von Bordeaux erstreckt sich das Département Les Landes, bis ins 19. Jh. eine flache, sumpfige *Heidelandschaft*. Die kargen Böden boten höchstens genügsamen Schafen magere Weide, die Schäfer konnten nur auf Stelzen stehend ihre Herden überwachen. Das Aussehen der Region begann sich erst zu ändern, als man Ende des 18. Jh. begann **Strandkiefern** aufzuforsten.

Heute sind Les Landes eine der beliebtesten französischen Urlaubsregionen. Es locken 100 km feiner Sandstrand am Atlantik, dessen Brandung zu einem Tummelplatz der Wellenreiter geworden ist. **Mimizan** und **Hossegor** sind gefragte Spots der Weltklasse. Die weiten Strände bieten soviel Raum, dass Besucher selbst zur Hochsaison einsame und kuschelige Plätzchen finden. Baden sollte man wegen gefährlicher Strömungen jedoch nur an bewachten Abschnitten im Bereich der Strandorte wie **St-Girons-Plage**, **Vieux-Boucau-les-Bains** oder **Capbreton**.

Etwas im Landesinnern liegen hinter einem Dünengürtel friedliche Binnenseen, etwa bei **Biscarrosse**. Hier sonnen sich Urlauber an kleinen Sandstränden, man kann baden, surfen, segeln oder im Kiefernwald über schnurgerade Straßen Fahrradtouren unternehmen. Auch das Wehrdorf **Labastide-d'Armagnac** mit seinem zauberhaften Marktplatz ist einen Besuch wert, ebenso der traditionsreiche Thermalkurort **Dax**.

31 Étang de Cazaux et Sanguinet

2000-jährige Geschichte unter Wasser.

25 m tief ist der schöne, 56 km² große See Étang de Cazaux et Sanguinet südlich von Arcachon. Taucher besuchen ihn gern, aber auch andere Wassersportler, die in den Uferorten *Sanguinet*, *Navarosse* oder im reizenden *Port Maguide* ihre Jolle oder ihr Surfboard zu Wasser lassen. Ein kleiner Bereich im Norden des Sees ist Militärsperrgebiet und darf wochentags nicht befahren werden.

1976 erregten **archäologische Funde** im See Aufsehen: In 13 m Tiefe entdeckten Taucher 16 Pirogen, Einbaumschiffe und Spuren eines Fischerdorfes aus der späten Eisenzeit sowie dem 7.–4. Jh. v. Chr. Auch das spätere gallo-römische Dorf Losa wurde überflutet und ruht heute 4–5 m tief im See. Taucher gruben hier einen kleinen Tempel, Münzen, Keramik und Schmuck aus. Wer sich näher über die Unterwasserausgrabungen informieren möchte, findet im sehenswerten **Musée Archéologie Sublacustre** in Sanguinet am Ostufer viel Interessantes (Juli/Aug. tgl. 10–12.30 und 14.30–19 Uhr, sonst eingeschränkte Öffnungszeiten). Neben Münzen, Keramik und Amphoren sind u. a. ein römisches Babyfläschchen (Ende 1. Jh.) und ein Kinderohrring ausgestellt. Den Museumseingang schmückt eine originalgetreu nachgebaute Piroge.

Praktische Hinweise

Information: Office de Tourisme, place de la Mairie, Sanguinet, Tel. 05 58 78 67 72, Fax 05 58 78 67 26

32 Biscarrosse

Von Flugbooten zu Raketen.

Das 9000 Einwohner zählende Städtchen liegt zwischen drei Seen inmitten von Kiefernwald. Bequem erreicht man von Biscarrosse aus den Étang de Cazaux

◁ *Tradition und Brauchtum werden in den Landes gepflegt, wie jedes Jahr im August die Feria von Dax beweist*

et Sanguinet im Norden sowie im Westen die stillen, sandigen Ufer des **Petit Étang de Biscarrosse** (109 ha) und im Süden die des **Grand Étang de Biscarrosse** (3500 ha), die durch Kanäle miteinander verbunden sind. **Biscarrosse** selbst gruppiert sich um eine schlichte gotische Kirche vom Ende des 15. Jh., die sorgfältig restauriert wurde. Den Kirchplatz dominiert eine uralte, hohle Ulme. Die Stadt erlebte ebenso wie die Nachbarorte Parentis und Mimizan einen starken wirtschaftlichen Aufschwung, als 1962 am Westufer des Grand Étang de Biscarosse das militärische und zivile Raketenforschungszentrum **Centre d'Essais des Landes** gegründet wurde, dessen weiteres Umfeld freilich militärisches Sperrgebiet ist.

TOP TIPP Biscarrosse besitzt mit dem **Musée Historique de l'Hydraviation** (Juli/Aug. tgl. 10–19, sonst Mi–Mo 14–18 Uhr) ein interessantes Museum über Flugboote. Dies sind Wasserflugzeuge, bei denen der Rumpf als Boot gebaut ist. In den Hangars nachempfundenen Ausstellungsgebäuden am See erfährt man z. B., welche erstaunlichen Rekorde Flugboote aufstellen können. So fliegen sie beispielsweise bis zu 230 km/h und ihre Flügelspannweite kann bis zu 48 m betragen. Dokumentiert ist aber auch die Tragödie der *Latham*, mit der der norwegische Polarforscher Roald Amundsen 1928 über Spitzbergen in den Tod flog. Nur ein paar Schritte weiter wurde das **Musée des Traditions et de l'Histoire de Biscarrosse** (im Sommer tgl. 10–12 und 15–19, im Winter Di–So 10–12 und 14–18 Uhr) eingerichtet, ein liebevoll gestaltetes Heimatmuseum, das etwa die früher bedeutsame Harzgewinnung anschaulich darstellt.

Wasserflugzeuge meistern sowohl Winde als auch Wellen, wie das Musée Historique de l'Hydraviation in Biscarrosse dokumentiert

Als Ableger des Städtchens entstand am wunderbaren Sandstrand des Atlantiks die Sommerstadt **Biscarrosse-Plage**. Ausgedehnte Areale von Ferienhäusern und Apartments umgeben einen Fußgängerbereich mit den üblichen Mode-, Souvenir- und Strandartikelgeschäften – und doch wirkt Biscarrosse-Plage freundlich und angenehm.

Parentis

Erdöl prägt das Städtchen am östlichen Ausläufer des Étang de Biscarrosse, seit das ›schwarze Gold‹ hier in den 50er-Jahren entdeckt wurde. Die Plattformen im Wasser, in dem trotzdem gebadet und gesurft wird, gehören ebenso zum Landschaftsbild wie die sich träge und rhythmisch bewegenden Pumpen. Das im See geförderte Öl macht insgesamt etwa 2 % des französischen Bedarfs aus.

Praktische Hinweise

Information: Office de Tourisme, 55, place de la Fontaine, Biscarrosse, Tel. 05 58 78 20 96, Fax 05 58 78 23 65, Internet: www.biscarosse.com

Restaurant

Chez Camette, 532, avenue Latécoère, Biscarrosse, Tel. 05 58 78 12 78. In dem kleinen Lokal isst man gut und günstig, z. B. gefüllte Zucchini mit Couscous.

33 Mimizan

Traumhafter Strand und Reste einer im Sand versunkenen Benediktinerabtei.

Das gesamte mittelalterliche Städtchen, sein Hafen und eine Abtei wurden im Laufe des 18. Jh. unter dem Sand einer heute befestigten Wanderdüne begraben. Nur der alte **Glockenturm** mit reich verziertem Eingangsportal ist am westlichen Ortsrand des nebenan neu erbauten Mimizan noch zu sehen. Er erinnert an eine Benediktinerabtei aus dem 12./13. Jh., die Jakobspilgern Unterkunft gewährte. Eine sehr schön gearbeitete ›Anbetung der Heiligen drei Könige‹

Ein stilles Plätzchen zum Auspannen findet man gewiss am hübschen Étang d'Aureilhan

schmückt das Tympanon des Turms, in den Archivolten entdeckt man Tierkreiszeichen, Propheten und Monatsdarstellungen. Das benachbarte **Musée du Vieux Bourg** (Mitte Juni – Mitte Sept. Mo–Sa 10.30–19 Uhr) vermittelt mit Modellen und Schautafeln einen Eindruck von der Vergangenheit Mimizans.

Nördlich des Ortes erstreckt sich der reizvoll in den Kiefernwald eingebettete **Étang d'Aureilhan** (660 ha), der sich für eine gemütliche Ruderbootpartie anbietet. Über die *Promenade Fleurie*, an der Bambus, Bananenstauden, Hibiskus, Tamarisken und viele andere exotische Gewächse angepflanzt wurden, kann man einen angenehmen Spaziergang zum See unternehmen.

Der 6 km westlich von Mimizan am Atlantik liegende Badeort **Mimizan-Plage** wird durch den *Courant*, den von dichtem Grün gerahmten Abfluss des Étang d'Aureilhan, zweigeteilt. Der feinsandige, breite und kilometerlange *Strand* lockt Scharen von Urlaubern an, die starke Brandung ist Spielwiese der Wellenreiter. Da scheint die gesichtslose Neubausiedlung hinter den Dünen nicht weiter zu stören. Ein **Fahrradweg** führt von Mimizan-Plage zum See, eine andere reizvolle Route verläuft durch schattigen Kiefernwald und einen wahren Teppich von Farn und Heidekraut 12 km parallel zur Küste nach Contis.

Praktische Hinweise

Information: Office de Tourisme, 38, avenue Maurice Martin, Mimizan-Plage, Tel. 05 58 09 11 20, Fax 05 58 09 40 31, www.mimizan.com

Restaurant

Au bon Coin du Lac, 34, avenue du Lac, Mimizan, Tel. 05 58 09 01 55. Ruhig am See gelegenes Feinschmeckerrestaurant mit einigen Zimmern und Apartments. Wunderbar ist der Blick ins Grüne, schattig die Terrasse unter einer gewaltigen Platane, exquisit sind die Michelin-Stern-gekrönten Gerichte wie gebratene Stockente mit Feigen.

34 Parc Naturel Régional des Landes de Gascogne

Eintauchen in das bäuerliche Leben in den Landes um die Jahrhundertwende.

Entlang der beiden Flüsschen *Grande Leyre* und *Petite Leyre*, die sich zur **Eyre** vereinigen, wurde 1970 ein 206 000 ha großes Waldgebiet südöstlich des Bassin d'Arcachon bis zum kleinen Ort Sabres unter Naturschutz gestellt. Am schönsten erlebt man diese stille, waldige Landschaft bei einer **Kanufahrt** auf der Grande Leyre, z. B. ab der *Base Nautique de Saugnacq-et-Muret* (33 km nördlich von Sabres an der N 10). Der Wasserlauf mäandert durch eine dichte Vegetation aus Erlen, Weiden und Farnen. Selbst Anfänger können die Fahrt gut bewältigen, es gibt keinerlei technische Schwierigkeiten und in Abständen von 15–20 km bieten Campingplätze oder einfache Hütten Übernachtungsmöglichkeiten. Auch **Radfahrern** bieten sich vielfältige Tourenmöglichkeiten, z. B. wurden alte Eisenbahntrassen zu Radwegen ausgebaut.

Als Symbole des Naturparks wählte man Fuchs und Huhn, ein Hinweis darauf, daß die Menschen hier ehedem Hirten und Bauern waren. *Quartier* nennt man die bescheidenen Gutshöfe, von denen heute die meisten als Feriendomizile genutzt werden. Ein solches Quartier kann man im **Ecomusée de la Grande Lande** in Marquèze bei Sabres besichtigen. Ein kleiner Zug bringt Besucher vom Bahnhof Sabres in das sehenswerte Freilichtmuseum (verkehrt Juni–Sept. tgl. ab 10 Uhr, April/Mai und Okt. nur Sa nachmittags ab 14 Uhr und So vormittags ab 10 Uhr). Idyllisch mutet die Szenerie vor Ort an: Auf einer Waldlichtung wurden zwischen Eichen und Kastanien mehrere Gebäude eines Gutshofs wieder aufgebaut, wie er Ende des 19. Jh. in den Landes üblich war. Man besichtigt Wohnhäuser von Gutsbesitzern, Pächtern und Landarbeitern, Schafställe, Scheunen, eine kleine Mühle, einen typischen, wegen der Fuchsgefahr auf Stelzen gebauten Hühnerstall und vieles mehr. Ausstellungen über Harzgewinnung, Bienenzucht und Brauchtum runden dieses Museum ab, das einen lebendigen Eindruck vom Leben der Landes-Bewohner vergangener Zeiten vermittelt.

TOP TIPP

Praktische Hinweise

Information: Ecomusée de la Grande Lande, Sabres, Tel. 05 58 08 31 31, Fax 05 58 07 56 85

Sport

Atelier-gîte, Saugnacq-et-Muret, Tel. 05 58 07 73 01, Fax 05 58 07 72 71. Zentrum für Kanu- und Fahrradtouren mit Ausrüstungsverleih; anbei ein einfacher Campingplatz mit Zeltvermietung.

Centre d'Animation du Graoux, Belin-Beliet, Tel. 05 57 71 99 29, Fax 05 57 71 99 20. Kanu- und Kajakverleih.

Hotel

Auberge des Pins, route de la Piscine, Sabres, Tel. 05 58 08 30 00, Fax 05 58 07 56 74. Empfehlenswertes Landhotel in einem für die Region typischen Fachwerkhaus mit gutem Restaurant.

Das historische Himmelbett stand früher im Haus eines Bürgermeisters, heute ziert es als Ausstellungsstück das Ecomusée de la Grande Lande

Ebenso schön wie nützlich: Die von Menschenhand geschaffene Idylle des Kiefernwaldes der Landes verhindert ein beständiges Vordringen der Atlantikdünen

La Pinhada – der Kiefernwald

Heidekraut, Farn und Stechginster – bis weit ins 18. Jh. prägte anspruchslose Vegetation die öde Region der Landes. Die dort lebenden Menschen versuchten mehr schlecht als recht, sich von Ackerbau und Kleintierzucht zu ernähren. Der **Schafhirte***, der auf Stelzen in dem flachen, sumpfigen Gelände über seine Herde wacht, wurde zum Symbol für den Landstrich und ist heute beliebtes Fotomotiv folkloristischer Veranstaltungen.*

Die Lebensbedingungen verbesserten sich erst, als 1788 der Ingenieur **Nicolas Brémontier** *mit der seit dem Mittelalter geplanten Fixierung der Dünen am Atlantik begann. Er ließ hölzerne Palisaden errichten, gegen die sich der verwehte Sand aufhäufte, bis eine künstliche, ca. 10 m hohe Düne entstanden war. Diese befestigte er mit Strandhafer und pflanzte landeinwärts im Windschatten Strandkiefern, die wiederum Schutz boten für die Aufforstung des nachfolgenden Kiefernstreifens usw. 1867 war die gewaltige Aktion beendet. Heute erstreckt sich zwischen der Girondemündung und dem Baskenland* **La Pinhada***, das mit 950 000 ha größte zusammenhängende Waldgebiet Frankreichs – eine Kiefernmonokultur, durchzogen von schnurgeraden Straßen. Im Sommer ist die Brandgefahr nicht zu unterschätzen, die Hinweisschilder* **Attention au Feu** *sollte man daher sehr ernst nehmen.*

Die **Holzindustrie** *wuchs schnell zu einem wichtigen Wirtschaftszweig heran. Die Stämme wurden im Bergbau verwendet oder in Sägewerken weiter verarbeitet. Nach dem Zweiten Weltkrieg entstanden in Mimizan, Dax und Facture Zellstoff- und Papierfabriken. Heute wird das Kiefernholz der Landes zu Möbeln, Parkett und Papier verarbeitet. Im 19. Jh. war auch die* **Harzgewinnung** *eine bedeutende Einnahmequelle. 30 000* **Gemmeurs** *(= Harzzapfer) verdienten damit noch Anfang des 20. Jh. ihren Lebensunterhalt. Da heutzutage die Kunstharzproduktion preiswerter ist, wird das alte Handwerk mittlerweile nur noch in Volkskundemuseen gezeigt.*

Ein beliebter Badeplatz ist die Plage de Vielle im Norden des Étang de Léon

35 Étang de Léon

Natur pur an idyllischem See.

Ginster und Kiefern umgeben den hübschen, 336 ha großen Étang de Léon. Er steht zwar unter Naturschutz, doch auf dem Wasser tummeln sich Badefreunde, Windsurfer und Segler. Sandstrände säumen den See am Südufer und im Norden beim Campingplatz von Vielle.

TOP TIPP Ein besonderes Naturerlebnis bietet der **Courant d'Huchet**, der ca. 8 km lange Abfluss zum Ozean: Urwaldartig, fast exotisch mutet die dichte Vegetation im Bereich des Wasserlaufs an, mit Weiden, Erlen, Tamarisken, Hibiskus, Heidekraut und Seerosen. Ab der Brücke von Pichélèbe schlängelt sich der Courant durch den von Binsen und Schilf geprägten Dünengürtel, dann bahnt er sich seinen Lauf durch feinen Sandstrand ins Meer. Unvergesslich ist die Fahrt mit einer **Barke**; die längste, 4 Std. dauernde Tour führt bis zu der kleinen Häusergruppe *Bains d'Huchet* am Meer. Einen solchen Ausflug muss man jedoch mehrere Tage im Voraus beim *Bureau des Bateliers* an der Ablegestelle am südlichen Seeufer buchen (Tel. 05 58 48 75 39). Es befindet sich in **Léon**, dem Hauptort dieses insgesamt sehr dünn besiedelten Gebietes. Hier stehen bei der niedrigen Kirche einige hübsche, für die Landes typische Fachwerkhäuser. Lebhaft wird es in dem 1300-Seelen-Dorf am Dienstag und Samstag, wenn um die *Place de l'Église* und die *Place de la Poste* Wochenmarkt abgehalten wird.

TOP TIPP Romantisch brandet der Atlantik an den Strand von **St-Girons-Plage** etwa 5 km nördlich des Courant d'Huchet. Die wunderschöne feinsandige Küste ist hier so gut wie nie überfüllt. 4 km südlich des Courant findet man bei **Moliets-Plage** den wohl breitesten Strand der Landes: rund 150 m goldfarbener Sand bester Qualität. Hier hat man einen separaten Abschnitt für Freunde des Lenkdrachen-Sports (*Cerfs Volants*) ausgewiesen.

Praktische Hinweise

Information: Office de Tourisme, place de la Poste, Léon, Tel./Fax 05 58 48 76 03

Hotel

Du Lac, rue des Berges du Lac, Léon, Tel. 05 58 48 73 11. Solides Hotel im landaiser Stil mit Seeblick vom Speisesaal aus. Die Küche offeriert Spezialitäten wie *Foie gras* oder Entenconfit, eingemachtes Fleisch.

36 Vieux-Boucau-les-Bains

Süß- und Salzwasser nebeneinander.

Vieux-Boucau bedeutet ›alte Mündung‹. Gemeint ist damit die des Flusses Adour, die mehrmals ihre Lage änderte. Lange Zeit mündete der Wasserlauf bei Port d'Albret, wie Vieux-Boucau bis ins 16. Jh. hieß, doch 1578 wurde er in seinem heutigen Verlauf kanalisiert und erreicht seitdem bei Bayonne das Meer.

Vieux-Boucau ist heute ein aufstrebender **Badeort**, im küstennahen Kiefernwald entstanden ausgedehnte Feriensiedlungen und Villenviertel. Hotels, Boutiquen und ein umfangreiches Sportangebot – Wellenreiten, Tennis, Reiten, Golf, Pelote – gehören zur touristischen Infrastruktur. Als besondere Attraktion wurde der 70 ha große, künstliche Meerwassersee **Lac Marin** 1980 mit Stränden und einer künstlichen Insel in dem gleichzeitig ringsum entstandenen Ortsteil Port d'Albret im Südosten geschaffen. Die Urlauber haben nun die Wahl zwischen dem prächtigen Badestrand am Atlantik, dem ebenfalls salzigen Lac Marin und dem friedlichen Süßwassersee **Étang de Soustons** im Inland, auf dem gesurft, gesegelt oder gerudert werden kann.

Praktische Hinweise

Information: Office de Tourisme, 11, promenade du Mail, Vieux-Boucau, Tel. 05 58 48 13 47, Fax 05 58 48 15 37

Hotel

La Bergerie, 41, allée des Soupirs, Soustons, Tel. 05 58 41 11 43, Fax 05 58 41 21 61. Gepflegtes Hotel in großem Park, nur 800 Meter vom Meer entfernt.

37 Hossegor

Salzwasserbadesee im Kiefernwald.

Eine Kolonie von Künstlern, Literaten und Intellektuellen – unter ihnen der Dichter Paul Margueritte, der Komponist Maurice Ravel und der italienische Romancier Gabriele d'Annunzio – ließ sich um 1900 in der ländlichen Idylle am Salzwassersee **Lac Marin d'Hossegor** nieder und legte so den Grundstein für die Entwicklung des gepflegten Ferienortes. In der Folge mauserte sich Hossegor zu einer eleganten Sommerfrische. Am Südufer entstand das **Quartier du Golf** mit seinen großzügigen Villen im damals sehr beliebten baskisch-landaiser Stil: ausladende, weiße Landhäuser, in Fachwerkart grün oder rot verziert. Das macht noch heute den Charme des Städtchens aus und unterscheidet es von den anderen Küstenorten. Die neueren Viertel des 2000 Einwohner zählenden Hos-

Morgentlicher Marsch zum Wasser – mit Sack und Pack pilgern Urlauber zu den Ufern des Étang de Soustons, die für alle ein schönes Plätzchen bereithalten

Ob der vollendeten Schönheit des Fluges vergisst man leicht die Gefahr, in die sich der Sauteur begibt, wenn er scheinbar mühelos über die Hörner der Kuh hinwegspringt

Gewagte Sprünge, elegante Pirouetten

Kurz bevor die mit gesenktem Kopf heranstürmende Kuh den weiß gekleideten Mann in der Arena auf die Hörner nimmt, springt dieser, beide Füße in einer Baskenmütze fixiert, über das massige Tier hinweg – eine akrobatische Meisterleistung, die das Publikum mit reichlich Applaus honoriert. Auch das darauf folgende Ausweichen mit einer knappen Körperdrehung, ohne sich vom Platz zu bewegen, wird eifrig beklatscht. Die Zuschauer bewundern Geschick und Mut der Männer, die sich der nicht ungefährlichen **Course landaise** *verschrieben haben. Dieser traditionelle Sport ist im Gebiet zwischen den Pyrenäen und der Garonne zu Hause. Es handelt sich um einen unblutigen* **Wettkampf**, *bei dem die Protagonisten über eine kräftige, galoppierende Kuh springen oder ihr möglichst elegant ausweichen.*

›Verbrieft‹ ist die Course landaise seit 1286 und vielfältig waren die Bemühungen von Obrigkeit und Kirche, dem Treiben vermutlich heidnischen Ursprungs Einhalt zu gebieten. Doch selbst die 1567 von Papst Pius V. erlassene **Bulle**, *die Kämpfe mit Stieren und wilden Tieren verbot und Zuwiderhandlungen mit Exkommunikation bedrohte, blieb ohne nachhaltige Wirkung.*

Anfangs fanden die Courses auf der Straße statt, später baute man **Arenen**. *Die größten findet man heute in Bayonne und Dax, kleinere auch in Vieux-Boucau-les-Bains oder Hossegor. Vor 1900 verwendete man oft Stiere, wie bei der spanischen Corrida, später* **300–400 kg** *schwere, eigens gezüchtete Kühe. Üblicherweise dauert eine Course mit mehreren Durchgängen rund 2 Std. Die Mannschaft,* **Quadrilla**, *besteht aus sieben* **Ecarteurs**, *Ausweichern, und vier weiß gekleideten Männern: einem* **Sauteur**, *Springer, zwei* **Entraineurs**, *Trainern, die die Kuh in die richtige Position bringen, und einem* **Cordier**, *›der die Fäden zieht‹, d. h. die Kuh mit einem Seil dirigiert.*

segor entstanden ab den 60er-Jahren des 20. Jh. am Atlantik, der hier mehrere wunderschöne, weite **Sandstrände** bietet. Auch an FKK-Freunde hat man gedacht und eigens für sie im Norden ein Gelände ausgewiesen. Ein 18-Loch-Golfplatz, ausgezeichnete Wellenreitbedingungen, Kasino, Stierkampfarena, Pelotehalle und Tennisplätze runden das Freizeitangebot dieses beliebten Badeortes ab. An den sandigen Ufern des den Gezeiten unterworfenen Lac Marin d'Hossegor herrscht im Sommer ebenfalls munteres Leben, denn man kann *Pedalos* (Wassertretboote) mieten, baden, surfen, segeln oder den See auf einem 6 km langen Spazierweg umrunden.

Capbreton

Der ältere Nachbarort Capbreton ist von Hossegor nur durch den großen Jachthafen im Mündungsbecken der beiden Flüsschen Boudigau und Bourret getrennt. Der Fischreichtum des **Gouf de Capbreton**, eines sich 300 m vor der Küste im Meer öffnenden, 1000 m tiefen felsigen Grabens, sicherte lange Zeit den Wohlstand des Städtchens.

Dank seiner einladenden hellbeigen Sandstrände leben die rund 5000 Einwohner von Capbreton heute allein vom Tourismus. Apartments, Villen und Geschäftszeilen schossen in den letzten Jahrzehnten aus dem Boden, wobei leider architektonisches Feingefühl häufig außer Acht gelassen wurde. Sehr schön ist jedoch bei klarem Wetter der Blick von der Uferpromenade auf die felsige, baskische Küste und die grünen Pyrenäen im Süden.

Dieses Panorama genießt man auch vom **Écomusée de la Pêche et de la Mer** (Juli/Aug. 9.30–12, 14–18.30, Sept–Juni. 14–18 Uhr) aus, das im obersten Stock des *Casino Municipal* an der Hafeneinfahrt eingerichtet ist. Hier kann man sich über Meeresflora und -fauna sowie über die Geschichte des Fischfangs an der landaiser Küste informieren.

Praktische Hinweise

Information: Office de Tourisme, place des Halles, Hossegor, Tel. 05 58 41 79 00, Fax 05 58 41 79 09, Internet: www.ville-soorts-hossegor.fr

Hotels

Les Acanthes, avenue du Touring Club, Hossegor, Tel. 05 58 43 78 09, Fax 05 58 41 74 95. Freundliches Hotel mit komfortablen Zimmern, Terrasse und Garten am See.

Les Huîtrières du Lac, 1187, avenue du Touring Club, Hossegor, Tel. 05 58 43 51 48, Fax 05 58 41 73 11. Das hübsche Landhaus bietet Zimmer mit Seeblick.

Restaurant

TOP TIPP **La Pêcherie Ducamp**, 4, rue du Port d'Albret, Capbreton, Tel. 05 58 72 11 33. Rustikales Ambiente, aber wer Meeresfrüchte, Krebse, Austern und Fisch liebt, findet hier sein kleines Paradies.

38 Dax

Plan Seite 106

Heilendes Wasser und Stierkämpfe.

Dax (20 000 Einw.), das römische *Aquae tarbellicae*, ist Frankreichs führender **Rheumakurort**. Der Legende nach wollte einst ein römischer Legionär seinen rheumakranken Hund im Adour ertränken, fand ihn aber nach einiger Zeit putzmunter und geheilt wieder vor. Das kalzium- und sulfathaltige Heilwasser ist am Südufer des Adour an der Esplanade du Général-de-Gaulle in der **Fontaine chaude** 1 (1808–18) gefasst, auch *Source de la Néhe* genannt. Stündlich ergießen sich 100 000 l des 64 °C heißen Wassers in ein rechteckiges Bassin und fließen über bronzene Wasserspeier in Form von Löwenköpfen ab.

Frankreich wie es leibt und lebt – erfahrene Männer beim Boule-Spielen an der Uferpromenade von Capbreton

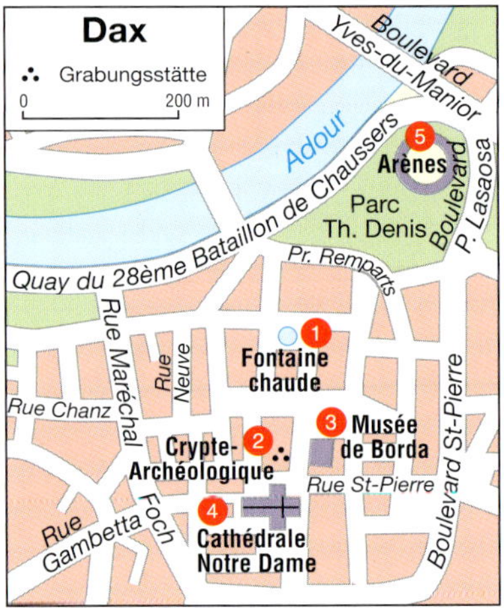

Es heißt, dass sogar Julia, die Tochter von Kaiser Augustus, Dax im 1. Jh. n. Chr. einen Besuch abstattete und so die heißen Quellen im ganzen Römischen Reich bekannt machte. Viel ist aus gallorömischer Zeit allerdings nicht erhalten. Lediglich in der Rue Cazade kann man in der **Crypte-Archéologique** 2 die Ruinen eines Tempels aus dem 2. Jh. besichtigen, die zum gegenüberliegenden **Musée de Borda** 3 (Mi–Sa und Mo 14.30–18.30 Uhr) gehört. Dessen Sammlung ist in einem Stadtpalais des 17. Jh. untergebracht und nach dem aus Dax stammenden Mathematiker, Physiker und Seefahrer Jean-Charles de Borda (1733–1799) benannt. Sie zeigt archäologische Funde aus der Region, u. a. Bronzestatuetten aus dem 1. Jh. n. Chr., Münzen und Mosaike. Ferner ist dem Stierkampf und der *Course landaise* je eine Abteilung gewidmet. Am Ende der Rue Cazade erhebt sich die klassizistische **Cathédrale Notre-Dame** 4. Sie birgt im Innern im linken Querschiff das wunderschöne gotische ›Portal der Apostel‹ (13. Jh.). Es stammt von dem im 17. Jh. eingestürzten Vorgängerbau. Jeden Samstagvormittag findet auf dem Kirchplatz und in der nahen Markthalle ein lebhafter **Bauern-** und **Blumenmarkt** statt.

Durch den schattigen *Parc Théodore Denis* am Adourufer im Nordosten der Altstadt erreicht man die 1913 errichteten **Arènes** 5, die 8500 Menschen Platz bieten. Mitte August feiert Dax jedes Jahr eine einwöchige **Feria** mit zahlreichen Stierkämpfen. Dann gerät die normalerweise eher behäbige Kurstadt außer Rand und Band. Zum Rahmenprogramm gehören Pelotespiele, Umzüge und viele Musikveranstaltungen.

Praktische Hinweise

Information: Office de Tourisme, place Thiers, Dax, Tel. 05 58 56 86 86, Fax 05 58 56 86 80, Internet: www.dax.fr

Anklänge an die römische Vergangenheit von Dax zeigt die wuchtige Steinfassung der heilkräftigen Fontaine chaude am Ufer des Adour

Das kunstvolle Gewölbe der Kirche Notre-Dame von Labastide-d'Armagnac überspannt grazil den überraschend weiten, lichten Innenraum

Hotel

Splendid, cours de Verdun,
Tel. 05 58 56 70 70, Fax 05 58 74 76 33. Elegantes Kurhotel aus den 20er-Jahren mit geräumigen, modernen Zimmern und Speisesaal im Art-déco-Stil. Mit Garten, Terrasse, Swimmingpool und eigenem Thermalzentrum.

TOP TIPP 39 Labastide-d'Armagnac

Eines der schönsten Wehrdörfer.

Der Ursprung des malerisch in leicht hügeliger Landschaft gelegenen Dorfes geht auf das 13. Jh. zurück, als der Comte d'Armagnac die Bastide im Nordwesten seiner Grafschaft anlegen ließ. Die große, rechteckige **Place Royale** im Zentrum säumen Arkadenhäuser (14.–18. Jh.), von denen keines dem anderen gleicht: Fachwerk und Ziegelbau, Holzbalkone oder steinerne Bögen – ein wunderschönes Ensemble, von keiner Bausünde getrübt.

Beschaulich und friedlich ist die Atmosphäre in dem 800-Seelen-Ort. Alte Männer mit Baskenmütze halten nachmittags einen Plausch neben der Wehrkirche **Notre-Dame** (15. Jh.), die im Innern eine spätgotische hölzerne Pietà bewahrt. Nebenan liegt unter dem Rathaus der Kornspeicher, dem im Belagerungsfall eine Schlüsselfunktion zukam.

An die Zeiten, als Labastide protestantisch war, erinnert die schlichte, in Naturstein und Fachwerk erbaute evangelische Kirche des Ortes von 1607. Sie beherbergt das Museum **Temple des Bastides** (Juli/Aug. tgl. 10.30–12.30 und 14.30–18.30 Uhr), das über Geschichte und Aufbau der südwestfranzösischen Bastiden informiert.

Praktische Hinweise

Information: Office de Tourisme, place Royale, Labastide-d'Armagnac, Tel. 05 58 44 67 56, Fax 05 58 44 84 15, Internet: www.labastide-d-armagnac.com

Euskal Herria – Land der Basken

Südlich der Adourmündung bricht eine buchtenreiche **Steilküste** 30–50 m nahezu senkrecht in den Atlantik ab, der sie mit seiner anrollenden Brandung von unten her langsam aushöhlt. An dieser dicht besiedelten, 30 km langen Küste reihen sich Städte mit klangvollen Namen: das malerische **St-Jean-de-Luz**, Maurice Ravels Geburtsort **Ciboure** und – nicht zu vergessen – das elegante Seebad **Biarritz**, die Perle des Baskenlandes, die bereits vor mehr als 100 Jahren mit Napoleon und Eugénie sogar ein Kaiserpaar an den Atlantik zog. »Dieses Land der Basken nun ist weich, angenehm, begrünt und wellig, soweit es vor den Pyrenäen in der Ebene liegt, wie überhaupt der Fuß dieses Gebirges das Schönste ist, was ich dort zu sehen bekommen habe…« schwärmt Kurt Tucholsky in seinem *Pyrenäenbuch*. Der Schriftsteller hatte in den 30er-Jahren des 19. Jh. die einstige baskische Hauptstadt **Bayonne** besucht, den alten Jakobspilgerort **St-Jean-Pied-de-Port** und die schmucken Gebirgsdörfer der Region.

Als Panoramaberg der Pyrenäen gilt der 900 m hohe **Rhune**, von dessen Gipfel man das Labourd überblickt, eine der drei französischen Provinzen, die zusammen mit vier spanischen das Baskenland bilden.

40 Bayonne

Plan Seite 110

Traditionsreiches Tor zum Baskenland.

Die heimliche Hauptstadt des Baskenlandes (40 000 Einw.), ist bekannt für Schinken, Schokolade und Stierkämpfe, aber auch für das hier erfundene Bajonett, mit dem ab 1703 die französische Infanterie ausgerüstet wurde.

Geschichte Im 1. Jh. n. Chr. entstand die befestigte Siedlung **Lapurdum** um das Hauptquartier der römischen Soldaten in der Provinz Novempopulanie am Zusammenfluss von Adour und Nive. *Labourd*, der heutige Name der westlichsten baskischen Provinz, leitet sich davon ab. Nach der baskischen Bezeichnung *Ibai on*, Vereinigung zweier Wasser, wurde die florierende Stadt mit dem Flusshafen seit dem 12. Jh. **Baiona** genannt. Durch die Heirat von Aliénor d'Aquitaine mit Henri Plantagenêt kam Bayonne im 12. Jh. unter englische Herrschaft und blühte durch den **Handel** mit Britannien, Flandern, den Hansestädten, Spanien und Navarra wirtschaftlich auf. Nach dem Anschluss an Frankreich 1451 verlor Bayonne an Bedeutung, weil der England-Handel versiegte und die Adourmündung verschlammte. Erst 1578 wurde der Fluss umgeleitet und 6 km nördlich bei Boucau eine neue Mündung fixiert, woraufhin sich die Schifffahrt erneut belebte.

Ab dem 17. Jh. brachten *Corsaires*, vom französischen König autorisierte **Piraten**, Geld und Wohlstand in die Stadt. Bayonner Bürger rüsteten zahlreiche Korsarenschiffe aus, denn den Schiffseignern standen zwei Drittel der gekaperten Beute zu. Ein **Goldenes Zeitalter** brachte im 18. Jh. der Kaffee-, Kakao- und Zuckerrohrhandel mit den neuen Überseekolonien. Heute stellen Mais, Schwefel und Rohöl den Hauptanteil der Exportgüter. Über mehrere Kilometer dehnen sich zum Meer hin am Adour moderne Hafenanlagen aus.

Besichtigung Die Nive trennt den westlichen Stadtteil Grand Bayonne von dem kleineren östlichen Petit Bayonne. Beide bilden mit **St-Ésprit** am Nordufer des

◁ *Die Grande Plage in Biarritz hält, was ihr Name verspricht, und bietet Tausenden von Badefreunden ausreichend Platz*

Adour die *Altstadt*. Diese ist in weiten Teilen noch von Bastionen umgeben, die Vauban um 1680 im Auftrag Louis' XIV. ausbaute. Im Zuge dieser Erneuerung ließ der Festungsbaumeister damals auch bei St-Ésprit über dem Nordufer die sternförmige **Citadelle** ❶ errichten, in deren Mauern sommers mitunter Konzerte oder Theaterstücke im Rahmen der *Fêtes de Bayonne* stattfinden.

Grand Bayonne

Den Zusammenfluss von Nive und Adour überblickt das auf dem Westufer an der Place de la Liberté gelegene, repräsentativ mit Arkaden versehene Rathaus **Hôtel de Ville** ❷ (1842), in dem auch das Stadttheater beheimatet ist. Niedrige Bogengänge säumen die stadteinwärts führende Fußgängerstraße **Rue du Port-Neuf** ❸, in der Pâtisserien und *Salons de Thé* mit süßen Köstlichkeiten zum Schlemmen verlocken. Dass hier Schokoladenherstellung Tradition hat, ist kundigen spanischen und portugiesischen Juden zu verdanken, die sich Anfang des 17. Jh. auf der Flucht vor der Inquisition hier niederließen.

Im Herzen von Grand Bayonne ragen die beiden massigen Vierecktürme der **Cathédrale Ste-Marie** ❹ mit ihren leicht wirkenden, kegelförmigen Aufsätzen in den Himmel, einer der wenigen stilreinen gotischen Kirchen in Südfrankreich. Mit dem Bau des dreischiffigen, 80 m langen und 33 m breiten Gotteshauses war unter der Herrschaft der englischen Könige begonnen worden (1213–1544). Im Innern beeindrucken besonders der hochgotische Chor, die vom Anfang des 16. Jh. stammenden Glasfenster und das gotische Portal der Sakristei. Dieses führte einst in den filigran wirkenden **Kreuzgang** (So–Fr 9.30–12.30 und 14–17 Uhr), den man heute von außen, von der Place Pasteur

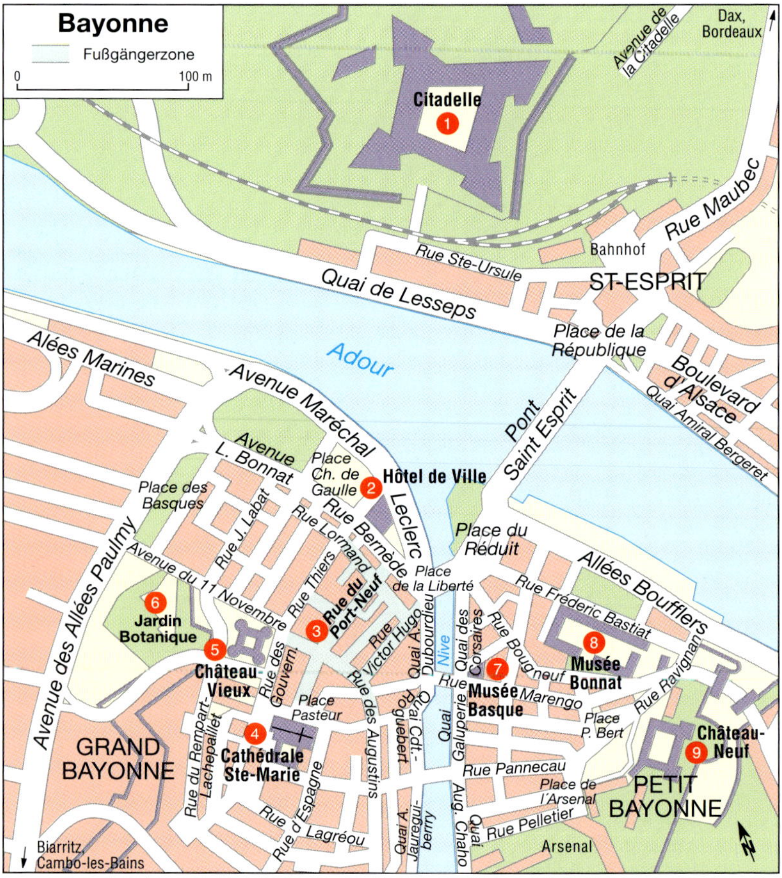

her betritt. Er ist ein Meisterwerk der Hochgotik, an den Wänden sind Grabsteine zu sehen.

Über die nordwestlich der Kathedrale verlaufende Rue des Gouverneurs gelangt man zur wuchtigen Festung **Château-Vieux** 5, deren vier Ecken Rundtürme markieren. Das Bollwerk entstand im 12.–17. Jh. auf Resten der römischen Stadtmauer und ist nicht zugänglich, da es vom Militär genutzt wird. Westlich schließen sich Teile des sternförmigen **Festungsgürtel** aus dem 17. Jh. an. Auf der Eckbastion wurde, leider räumlich begrenzt, der üppig grüne **Jardin Botanique** 6 angelegt (Mitte April–Mitte Okt. tgl. 9–12 und 14–18 Uhr).

Petit Bayonne

Mehrere Brücken führen über die Nive nach Petit Bayonne, wie z.B. der *Pont Marengo*, von dem man einen schönen Blick auf die schmalen, hohen Arkadenhäuser am Fluss hat.

Den Basken und ihrer Geschichte ist das **Musee Basque** 7 (Mai– Okt. Mi–Mo 10–18.30, sonst 10–12.30 und 14–18 Uhr) gewidmet. Hier werden in ständigen Ausstellungen die verschiedenen Aspekte baskischer Kultur vorgestellt.

Kunstinteressierten bietet das **Musée Bonnat** 8 (Mai– Okt. Di–So 10–18.30, sonst 10–12.30 und 14–18 Uhr) die Sammlung des 1833 in Bayonne geborenen Malers Léon Bonnat († 1922). Selbst anerkannter Porträtmaler, investierte er sein Geld in Gemälde, Plastiken und Zeichnungen großer Meister.

Oben: *Dicht an dicht stehen Fachwerk- und Arkadenhäuser am Ufer der Nive im Stadtviertel Petit Bayonne*

Unten: *Reinste Gotik – Himmelwärts streben Architektur und Kunstwerke der wunderschönen Cathédrale Ste-Cathérine*

Bilder von Frans Hals, Rembrandt und Goya gehören zur Kollektion. Sein *Cabinet des Dessins* mit Werken von Dürer, Rubens und Ingres ist nach dem Louvre in Paris die zweitgrößte Sammlung dieser Art in Frankreich. Im Osten von Petit Bayonne liegt etwas erhöht das im 15. Jh. mit mächtigen Rundtürmen erbaute **Château-Neuf** 8.

Bayonne geht im Westen fast nahtlos über in die Nachbarstädte Anglet, das eine Hochburg der Golfer ist und schöne Strände besitzt, und Biarritz [Nr. 41]. **BAB**, die Anfangsbuchstaben des urbanen Konglomerats, bezeichnet den gesamten Großraum.

Praktische Hinweise

Information: Office de Tourisme, place des Basques, Bayonne, Tel. 05 59 46 01 46, Fax 05 59 59 37 55, www.bayonne-tourisme.com

Hotel

Frantour Loustau, 1, place de la République, Tel. 05 59 55 08 08, Fax 05 59 55 69 36. Moderne Zimmer bietet das gepflegte Haus in St-Ésprit am Adour.

Café

Maison Cazenave, 19, arceaux Port-Neuf, Tel. 05 59 59 03 16. Unter den Arkaden kann man bei Kakao und baskischem Kuchen dem lebhaften Treiben in der Fußgängerzone zuschauen.

Restaurants

Au Cheval Blanc, 68, rue Bourgneuf, Tel. 05 59 59 01 33. Das elegante Restaurant in Petit Bayonne genießt einen ausgezeichneten Ruf. Hier werden baskische Spezialitäten modern kreiert, z. B. gegrillter Seehecht (*Merlu*) in Geflügel-Jus auf Zwiebelbett.

François Miura, 24, rue Marengo, Tel. 05 59 59 49 89. Empfehlenswertes Speiselokal, in dem regionale Spezialitäten köstlich zubereitet werden, z. B. *Chipirons farcis* (gefüllte Tintenfische).

41 Biarritz

Die Grande Dame der Seebäder.

Wo einst gekrönte Häupter und Adelige aus ganz Europa flanierten und vor grandioser Felskulisse der Atlantikbrandung lauschten, drängen sich heute Surfer und Golfspieler zwischen Betonkuben und hupenden Autos. Doch nach wie vor gibt es die charmante Seite der kleinen Stadt (28 000 Einw.) mit dem großen Namen, in der sich elegante Bauwerke der Belle Époque mit großen, modernen Hotel- und Apartmentblocks mischen.

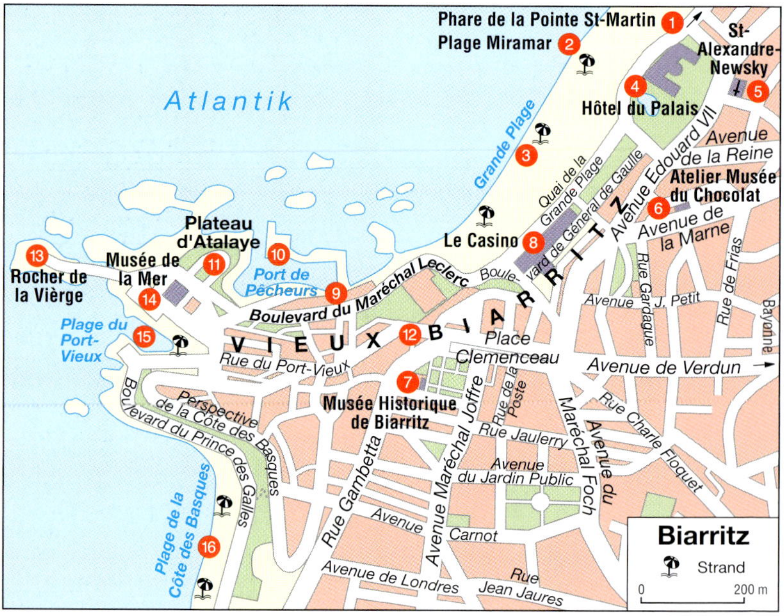

Geschichte Die Herkunft der Bezeichnung Biarritz, erstmals im 12./13. Jh. als **Beiarrids** belegt, ist unklar: Es könnte ›Walfänger‹ bedeuten oder ›Gebiet eines gewissen Beiar‹. Jedenfalls war Biarritz bis Anfang des 19. Jh. ein unbedeutendes Fischerdorf, in dem Walfänger ihre Beute bei Flut anlandeten und bei Ebbe am Strand verarbeiteten. Als Mitte des 18. Jh. ein Bad im Meer als Kur in Mode kam, trafen vereinzelt erste Städter aus Bayonne auf dem Muli ein. Der Aufstieg zum Seebad geht auf die spanische Comtesse **Eugénie de Montijo** und **Kaiser Napoleon III.** zurück, die 1853 ihre Flitterwochen in Biarritz verbrachten. Bald darauf avancierte der Ort zum Treffpunkt russischer Prinzen, belgischer und portugiesischer Könige sowie britischer Lords, es entstanden Golfplatz und Pferderennbahn. Auch im 20. Jh. gaben sich die **oberen zehntausend** in Biarritz ein Stelldichein. Farouk von Ägypten, Aga Khan oder Frank Sinatra – alle waren hingerissen von dem Naturschauspiel des Meeres und den Festen der mondänen Gesellschaft.

In den letzten Jahrzehnten hat sich das Publikum gewandelt: Surfer, Golfspieler und Kurgäste suchen das ›Seebad der Könige‹ auf. Rund ein Drittel der Biarrots sind heute französische Pensionäre, die hier ihre Zweitwohnsitze haben. Als Kontrapunkt setzt die Stadtverwaltung auf große internationale **Sportereignisse**. So findet jährlich Mitte Juli an der Plage des Basques das *Biarritz Surf Festival* statt, mit etwa 150 000 Besuchern das größte Ereignis seiner Art in Europa.

Besichtigung Den schönsten Blick über Stadt, Meer und Küste bis zu den Gipfeln der Pyrenäen genießt man von dem 44 m hohen Leuchtturm **Phare de la Pointe St-Martin** ❶ (Mai–Sept. tgl. 10–12 und 14–19 Uhr) auf dem gleichnamigen Felsvorsprung im Norden der Stadt. Südlich davon gibt die Steilküste die schöne hellsandige **Plage Miramar** ❷ frei. Da bei Flut das Meer den hiesigen Fels immer weiter aushöhlt, mussten einige Villen am oberen Rand der Klippe wegen Absturzgefahr aufgegeben werden.

Wilde Felsen rahmen auch den anschließenden, makellos feinen Sandstrand **Grande Plage** ❸. Darüber thront das luxuriöse **Hôtel du Palais** ❹. Es ist der 1903 abgebrannten Villa Eugénie nachempfunden, die Napoleon III. 1854

Euskaldunak – die baskisch sprechen

»Der erste Eindruck ist, mitten im Gebirge: Seeleute…, ihre Gesichter, ihre ruhige Art…, die selbstbewusste Kraft, die innere Freiheit…«, beobachtete Kurt Tucholsky bei einer Reise durch die Pyrenäen Anfang des 20. Jh. Das Land der Basken ist zweigeteilt – rund 230 000 Basken leben in Frankreich, knapp zehnmal mehr in Spanien, und doch fühlen sie sich als eine Nation. Römische Quellen des 3. Jh. n. Chr. erwähnen erstmals Vascones, aber niemand weiß, woher dieses später Basken genannte Volk stammt. Sicher ist nur, dass es nicht zu den Indogermanen zählt. Die Sprache gibt nur bedingt Aufschluss: Sie benutzt etwa 1 000 000 Wörter, 12 Fälle und eine komplizierte Konjugation. Baskisch ist eine isolierte, vor-indogermanische Sprache mit vielen Dialekten. Erst 1968/69 wurde ein ›Einheits-Baskisch‹ ausgearbeitet, eine Art baskische Hochsprache, um die vielen Dialekte unter einen Hut zu bringen. Seit 1983 ist Baskisch (Euskal) Pflichtsprache an den Schulen. Gut ein Drittel der Bevölkerung des Baskenlandes spricht heute baskisch (Euskal), Tendenz steigend.

4 + 3 = 1, **Zaspiakbat**, *so lautet die Devise der Nationalisten, was meint: Lasst uns die vier spanischen und drei französischen Provinzen zu einem Land vereinen. Nur ein kleiner Teil der Bevölkerung unterstützt jedoch diese extreme Forderung, die die baskische Separatistenorganisation ETA,* **Euzkadi Ta Askatasuna** *– Baskenland und Freiheit, auch mit Hilfe von Attentaten durchzusetzen versucht. Viele französische Basken wünschen sich allerdings ein eigenes Département mit einer bequem erreichbaren Präfektur in Bayonne. Bei der Einteilung Frankreichs in Départements 1790 waren die drei historischen Provinzen Labourd, Basse-Navarre und Soule, in denen überwiegend Basken lebten, dem Béarn angeschlossen worden und sind heute gemeinsam mit diesem Teil des* **Département Pyrénées-Atlantiques** *mit Verwaltungssitz in Pau.*

Kleine Cafés und Bistros laden am heimeligen Port de Pêcheurs zu einer Rast ein

an dieser Stelle als Sommerresidenz für seine Gemahlin errichten ließ. Der Grundriss der Anlage ist netterweise E-förmig. Gegenüber erinnert die 1892 eingeweihte orthodoxe Kirche **St-Alexandre-Newsky** 5 mit ihren beiden Kuppeln an frühere Gäste aus dem Hochadel des zaristischen Russland.

Mit anderen Reizen lockt das **Atelier Musée du Chocolat** 6 (Juli/Aug. tgl. 10–13 und 14.30–19, sonst Mi–Sa 10–12 und 14.30–18 Uhr) ein paar Schritte weiter. Hier kann man die Kunst der Schokoladenherstellung bewundern, die in fein gearbeiteten, bis zu 70 cm hohen Skulpturen aus weißer und dunkler Schokolade gipfelt. Wen Stadtgeschichte und die Zeit Napoleons III. und Kaiserin Eugénies interessieren, mag das **Musée Historique de Biarritz** 7 (Fr/Sa, Mo–Mi 10–12 und 15–18 Uhr) in der ehem. anglikanischen Kirche St-Andrews besuchen. Es stellt Gemälde, Kleidung, Gerätschaften und Dokumente aus.

Wieder zurück am Meer, auf Höhe des städtischen Spielkasinos **Le Casino** 8, sieht man von der Uferpromenade **Boulevard du Maréchal Leclerc** 9, wie sich gischtend die Brandung an den im Meer verstreuten Felsen bricht. Trotzdem tummeln sich auf dem Wasser geschickte Wellenreiter. Auf der Fußgängern vorbehaltenen Promenade erreicht man jenseits des markanten Felsens *Rocher du Basta* den winzigen und deshalb so romantischen Hafen **Port des Pêcheurs** 10, in dem bunte Boote vertäut sind und der von Fischbistros gesäumt ist. Der Hafen wird im Süden von dem ausgedehnten Platz **Plateau d'Atalaye** 11 überragt, benannt nach einem Leuchtturm des 18. Jh. Von dort hielten im Mittelalter Späher Ausschau nach Walen und signalisierten den Schiffen ihre Entdeckung mit Rauchzeichen.

Vor der nordwestlichen Landspitze der Altstadt **Vieux Biarritz** 12 ragt der berühmte **Rocher de la Vièrge** 13 weit in den Atlantik, auf seiner Spitze eine Madonnenstatue (1864) aus weißem Stein. Man erreicht den vom Ozean umtosten Felsen über einen schmalen, gesicherten Steg. Von hier hat man einen weiten Blick über die zerklüftete Steilküste im Norden und Süden sowie auf die grünen Pyrenäen. Das **Musée de la Mer** 14 (Top Tipp) (Mitte Juli–Mitte Aug. tgl. 9.30–24, Juni–Sept. 9.30–20, sonst 9.30–12.30 und 14–18 Uhr) direkt gegenüber auf dem felsigen Festland wartet mit mehreren Aquarien auf, in denen man vom Tintenfisch bis zur Wasserschildkröte die verschiedensten Lebewesen des Meeres studieren kann. Die Haie und Robben in zwei Etagen hohen gläsernen Becken erwecken stets besonderes Interesse. Außerdem erfährt man z. B., wie eine Woge entsteht oder wann das Wellenreiten von Melanesien nach Europa kam.

Nur ein paar Schritte sind es nach Süden zur eher kleinen **Plage du Port-Vieux** ⑮ in einer tief eingeschnittenen Bucht, die bis ins 18. Jh. den Walfängern als Basis diente. Der 50 x 50 m große Sandstrand fällt seicht ins Wasser ab. Mehr Platz hat man an der **Plage de la Côte des Basques** ⑯, die sich südlich nach einer felsigen Landnase über mehr als 1 km erstreckt. Der bei Ebbe 300 m breite und bei Flut überspülte Strand wird von Surfern frequentiert.

Pelote – Nationalsport der Basken

Mit großer Leidenschaft frönen Basken der **Pelote**, *einem schnellen Ballspiel, das dem Squash ähnelt. Man spielt es zu zweit oder zu viert in mehreren Varianten, am häufigsten mit dem Holzschläger* **Pala**, *aber auch mit der* **Chistera**, *einem schaufelförmigen Handschuh aus Weidengeflecht, oder* **à main nue**, *mit der bloßen Hand. Als Ball dient eine lederüberzogene Hartgummikugel von der Größe eines Tennisballs, 87–130 g schwer. Sie wird gegen die geschwungene Frontonwand geprellt, die das Zentrum eines jeden baskischen Dorfes bildet. Gekämpft wird auch auf dem* **Jai alai**, *einem links von einer zusätzlichen Mauer begrenzten Platz oder in der Halle,* **Trinquet**.

Praktische Hinweise

Information: Biarritz Tourisme, 1, square d'Ixelles, Biarritz, Tel. 05 59 22 37 00, Fax 05 59 24 14 19, Internet: www.biarritz.tm.fr

Hotels

Florida, 3, place Ste-Eugénie, Tel 05 59 24 01 76, Fax 05 59 24 36 54, Internet: www.hotel-florida-biarritz.com. Zentral gelegenes Haus mit großer Terrasse an einem sehr schönen, autofreien Platz.

TOP TIPP **Hôtel du Palais**, 1, avenue de l'Impératrice, Tel. 05 59 41 64 00, Fax 05 59 41 67 99, Internet: www.hotel-du-palais.com. Das Luxushotel entstand Anfang des 20. Jh. in wunderbarer Lage oberhalb der Grande Plage an Stelle der ehem. kaiserlichen Residenz. Nach wie vor logieren hier mitunter Fürstinnen oder Grafen in aufwendig ausgestatteten Zimmern und Suiten. Anbei ein Gourmet-Restaurant im Stil der Belle Époque.

Auf den Spuren Napoleons III. und Eugénies wandelt man im Hôtel du Palais, auch wenn dort vor rund 150 Jahren noch kein Swimmingpool zum Abtauchen lockte

Restaurants

Bar Jean, 5, rue des Halles, Tel. 05 59 24 80 38. Tapas-Bar und spanisches Speiselokal mit viel Lokalkolorit.

Café de Paris, 5, place Bellevue, Tel. 05 59 24 19 53. Restaurant und Brasserie zählen zu den besten Adressen der baskischen Küste, z. B. wegen des hellen gegrillten Seelachses auf Gemüsebett.

Vivier des Halles, 8, rue du Centre, Tel. 05 59 24 58 57. Liebhaber von Fisch und Meeresfrüchten lassen es sich hier schmecken.

42 St-Jean-de-Luz

Traditionsreicher Hafen mit charmanter Altstadt und fast runder Badebucht.

Das Küstenstädtchen präsentiert sich als Urlaubsort par excellence, mit wunderschön geschwungener Bucht, autofreier Uferpromenade, intaktem Ortskern mit regionaltypischen weiß-roten Fachwerkhäusern (17. Jh.), pittoreskem Fischerhafen, interessanter Geschichte und im Hinterland den reizvollen Pyrenäen.

Prächtige Sommerhäuser des 19. Jh. zieren die Strandpromenade von St-Jean-de-Luz

Geschichte Am 9. Juni 1660 trat St-Jean-de-Luz ins Rampenlicht der Weltgeschichte, als hier der junge französische König Louis XIV. und die spanische Infantin Maria Theresa heirateten und damit den langen Krieg zwischen ihren Ländern beendeten. Bedeutend war die Stadt zwar schon seit dem frühen Mittelalter, damals allerdings als Fischerei- und Walfanghafen. Im 17./18. Jh. brachten Kabeljaufang und Korsarentum [vgl. S. 109] der Stadt Wohlstand. An diese Zeiten erinnern die prächtigen Reederhäuser entlang der Kais. Heute ist der Hafen Sitz einer Fangflotte für Sardinen und Thunfisch.

Besichtigung St-Jean-de-Luz liegt an einer geschützten, fast geschlossenen Bucht, in der das Flüsschen Nivelle ins Meer mündet. Einen angenehmen Auftakt zur Erkundung des 13 000 Einwohner zählenden Städtchens ermöglicht die **Place Louis XIV**, an der zu jeder Tageszeit buntes Treiben herrscht. Mit Blick auf die Hafenanlagen kann man dort im Schatten von Platanen in einem der zahlreichen Cafés einen *Café au lait* oder *Izarra* (baskischen Kräuterschnaps) trinken. Im Süden wird der Platz mit dem zierlichen Musikpavillon vom *Hôtel de Ville* (1635) begrenzt und der daneben liegenden **Maison Louis XIV**. (Juli/Aug. tgl. 10.30–12 und 14.30–18.30, Juni und Sept. bis 17.30 Uhr). Letzteres ist ein repräsentatives, von Ecktürmchen flankiertes Stadtpalais, das sich der wohlhabende Reeder Johannis de Lohobiague 1643 erbauen ließ. In diesem Haus hielt 1660 der 22-jährige König Louis XIV. 40 Tage lang Hof, bevor er die Tochter des spanischen Königs Felipe IV. ehelichte. Salon, Schlafzimmer, Speisezimmer und Küche können besichtigt werden

Ein paar Schritte entfernt im ebenfalls stattlichen Palais des Reeders Haraneder am Quai de l'Infante wartete damals die spanische Prinzessin auf die Hochzeit. Der italienisch anmutende Palazzo mit den beiden Ecktürmen wird seitdem **Maison de l'Infante** genannt (Mitte Juni – Mitte Okt. tgl. 11–12.30 und 14.30–18.30 Uhr). Es dominiert die Nordseite des **Port des Pêcheurs**, der durch einen schmalen Kanal mit der Bucht verbunden ist. Gut geschützt in der Nivellemündung, wird der Binnenhafen noch heute von Thunfisch- und Sardinenfischern gern genutzt.

Den würdigen Rahmen für eine Königshochzeit bot St-Jean-Baptiste schon 1660, als sich in dieser Kirche Louis XIV. und Maria Theresa das Jawort gaben

TOP TIPP Etwa 300 m stadteinwärts fand 1660 in der **Église St-Jean-Baptiste** die königliche Hochzeit statt. Das rechte Seitenportal, durch welches das Paar die Kirche betrat, wurde einige Jahre später zugemauert. Die äußerlich schlichte, fast wehrhaft wirkende Kirche überrascht durch den großzügigen Innenraum, der von einem Tonnengewölbe überspannt wird. Sehenswert sind der hochbarocke, vergoldete Altaraufsatz und die Orgel (beide 17. Jh.), die schon zur Königshochzeit gespielt wurde. Charakteristisch für baskische Kirchen sind die dreistöckigen Emporen aus gedrechseltem Eichenholz im Langhaus, auf denen früher nur Männer Platz nehmen durften.

Um die Kirche laden enge **Altstadtgassen** zum Bummeln ein, die Auslagen locken mit Mandelmakronen, Marzipan, Fruchtpasteten, Schokoladentrüffeln, *Gâteau basque* oder hübschen Leinenstoffen. Lebhafter Handel, u. a. mit Lebensmitteln, duftenden Gewürzen und Kräutern, Honig, bayonner Schinken und baskischem Käse, entfaltet sich Dienstag- und Freitagvormittag um die Markthalle am Boulevard Victor-Hugo.

Ausflug

Westlich des Hafenbeckens, hier mit kleinem Jachthafen, liegt am jenseitigen Ufer der Nivelle das stillere Städtchen **Ciboure** (6200 Einw.). Hier wurde 1875 der Komponist *Maurice Ravel* († 1937) geboren und verbrachte am Quai de la Nivelle Nr. 12 seine ersten drei Lebensjahre. Am Südwestende der Bucht wacht das trutzige **Fort Socoa**, das Ende des 16. Jh. erbaut und von Vauban verstärkt worden war. Es dient heute dem hiesigen Segel-, Wellenreit- und Windsurfclub sozusagen als Vereinsheim.

Praktische Hinweise

Information: Office de Tourisme, place Maréchal Foch, St-Jean-de-Luz, Tel. 05 59 26 03 16, Fax 05 59 26 21 47

Hotels

Château d'Urtubie, Urrugne (3 km südwestlich von St-Jean-de-Luz), Tel. 05 59 54 31 15, Fax 05 59 54 62 51. Stilvolle Gastzimmer in dem seit 1341 in Familienbesitz befindlichen Schloss. Sehenswert sind u. a. die prächtigen flandrischen Tapisserien.

La Réserve, Rond Point de Ste-Barbe, St-Jean-de-Luz, Tel. 05 59 51 32 00, Fax 05 59 51 32 01. Gepflegtes Hotel in schöner Lage am Meer.

Parc Victoria, 5, rue Cepé, St-Jean-de-Luz, Tel. 05 59 26 78 78, Fax 05 59 26 78 08. Elegantes Hotel der Kette *Relais et Châteaux* in einem Palais des 19. Jh. mit exquisitem Restaurant.

Confiserie

Maison Adam, 6, place Louis XIV., St-Jean-de-Luz, Tel. 05 59 26 03 54. Traditionsreiche Konditorei, die süße *Macarons* herstellt, wie sie schon Louis XIV. zu seiner Hochzeit backen ließ.

Jachten und Fischerboote teilen sich den Hafen von St-Jean-de-Luz, den attraktive Ferienwohnungen und schöne Villen im Halbrund umschließen

Großzügige Fachwerkhäuser, gepflegte Blumenrabatten – die Strandpromenade des meist sonnenverwöhnten Ferienortes Hendaye strahlt gediegenen Wohlstand aus

Restaurants

Arrantzaleak, Chemin du Halage, Ciboure, Tel. 05 59 47 10 75. Fangfrisch bezieht der Patron die Fische, für deren feine Zubereitung das Lokal bekannt ist.

Chez Maya, 2, rue St-Jacques, St-Jean-de-Luz, Tel. 05 59 26 80 76. In dem guten Restaurant serviert man leckere baskische Gerichte wie *Chipirons à l'encre* (Tintenfisch) oder *Baudroie luzienne* (Seeteufel).

43 Hendaye

Seebad und Grenzstadt.

14 km windet sich die wundervolle **Corniche Basque** (D 912) von St-Jean-de-Luz südwestlich entlang der Küste nach Hendaye. Die kurvenreiche Panoramastraße erlaubt immer wieder atemberaubende Ausblicke, einerseits auf das wild an die Felsenküste anbrandende Meer, andererseits auf die wie verzaubert wirkende Berglandschaft der Pyrenäen, die zunächst noch als grüne Hügel, gleich dahinter jedoch schon als dunkle Berge den südlichen und östlichen Horizont begrenzen.

In faszinierender Lage thront am nördlichen Ortsrand von Hendaye auf einem Felsen das skurrile Schloss **Château d'Abbadia** (Juni–Sept. tgl. 10–18, sonst Mo–Fr 10–13 und 14–17, Jan. geschl.), das sich der vielgereiste Wissenschaftler Antoine d'Abbadie (1810–1897) von Viollet-le-Duc bauen ließ. Abbadie hatte u. a. Brasilien und Ägypten besucht und 12 Jahre am Hof des Kaisers von Äthiopien verbracht. Skulpturen von Elefanten und anderen exotischen Tieren schmücken das äußerlich neogotisch anmutende Schloss. Sogar eine Sternwarte hatte sich der Forscher einrichten lassen.

Hendaye selbst, das südlichste Seebad der französischen Atlantikküste, besteht aus drei Stadtteilen. Sie liegen am Nordufer der Bidassoa, die in ihrem Unterlauf die Grenze zwischen Spanien und Frankreich bildet. Der Ortsteil **Hendaye-Plage** am Meer ist dank seines 3 km langen, superben Sandstrandes ein beliebter Familienbadeort mit reichlich Wassersportmöglichkeiten, Jachthafen und einer breiten Uferpromenade, an der das Gebäude des maurisch geprägten Spielkasinos *Le Casino* auffällt. Über der Mündung der Bidassoa liegt etwas erhöht das betriebsame Stadtzentrum

Hendaye-Ville. Den dritten Stadtteil mit Zollgebäuden, Containern und Rangiergleisen bildet **Hendaye-Gare** unmittelbar am Fluss. Am hiesigen Bahnhof traf sich im Oktober 1940 Adolf Hitler mit dem spanischen Diktator Francisco Franco, um diesen zum Kriegseintritt zu bewegen, was ihm jedoch nicht gelang.

Praktische Hinweise

Information: Office de Tourisme, 12, rue des Aubépines, Hendaye-Plage, Tel. 05 59 20 00 34, Fax 05 59 20 79 17, Internet: www.hendaye.com

Hotel

Serge Blanco, 125, boulevard de la Mer, Tel. 05 59 51 35 35, Fax 05 59 51 36 00. Elegantes Hotel mit Thalassotherapiezentrum gegenüber dem Jachthafen.

44 Labourd

Tradition und gesetzter Wohlstand.

Ein dichtes Netz gut ausgebauter Straßen durchzieht das sanfte grünhügelige **Pyrenäenvorland** des Labourd, der nordwestlichsten der drei französischen und vier spanischen Provinzen, die gemeinsam das Baskenland bilden. Die weißen labourdinischen Häuser und schmucken Gehöfte mit geometrischen Ornamenten an Türstürzen und Fensterläden in den Regionalfarben Rot und Grün wurden zum Synonym für baskischen Baustil.

Sehr bekannt und entsprechend touristisch ist das küstennahe Dorf **Ascain**, das sich an die sanft auslaufenden grünen Hänge der Rhune schmiegt und in seiner Struktur stellvertretend für viele baskische Dörfer steht: Das Zentrum bilden der Hauptplatz mit dem Fronton, auf dem Pelote gespielt wird, und die schlichte Kirche aus dem 17./18. Jh. mit Holzgalerien im Innern und einem mächtigen, viereckigen Glockenturm. Darum gruppieren sich propere labourdinische Häuser.

Die Nähe zum 900 m hohen **Rhune** direkt an der französisch-spanischen Grenze macht den Ausflug nach Ascain besonders interessant. Vom Ort aus erreicht man die wiesenbedeckte Kuppe in einer einfachen Wanderung von ca. 3 Std. Länge. Häufig kann man unterwegs *Pottoks* beobachten, robuste baskische Wildponies. Vom Pass *Col de St-Ignace* führt auch die Zahnradbahn *Petit Train de la Rhune* in einer guten halben Stunde auf den Gipfel (im Sommer tgl. ab 8.30 Uhr alle 35 Min.,

Beim Aufstieg auf die Rhune können müde Wanderer zumindest streckenweise ihre Kräfte schonen, denn die Bergbahn bringt sie ab der Col St-Ignace bequem auf den Gipfel

Ostern–Mitte Nov. ab 9 Uhr), von dem man bei klarem Wetter sogar die Kiefernwälder der Landes sieht.

TOP TIPP Ein architektonisches Juwel ist das Dörfchen **Ainhoa** nahe der spanischen Grenze. Es ging aus einer im 13. Jh. gegründeten Bastide hervor, die sich dank ihrer Lage an dem Handelsweg von Bayonne nach Pamplona zu einem wohlhabenden Ort entwickelte. Bemerkenswert sind die mit Inschriften zur Familien- bzw. Hausgeschichte versehenen Türstürze der prächtigen, weiß-roten Häuser wie z. B. an der *Maison Gorritia* 100 m von der **Kirche** entfernt. Letztere besitzt einen unten viereckigen, dann achteckigen Glockenturm. Im Innern wölbt sich über einer schön geschnitzten zweistöckigen Galerie und einem vergoldeten Altaraufsatz die blau-goldene Kuppel.

Als Dorf des Piment ist **Espelette** in ganz Frankreich bekannt. Ende Oktober wird hier die *Fête du Piment* gefeiert, ein Volksfest zu Ehren der roten scharfen Peperoni, die im Herbst in Girlanden an den Hauswänden zum Trocknen hängen. Piments sind grundlegender Bestandteil der baskischen Küche. Grün werden sie im Omelett verwendet, gehackt oder zerrieben würzen sie viele Gerichte. Reif, rot und sehr scharf geworden, werden sie getrocknet, zu Pulver gemahlen und ersetzen auf wohlschmeckende Weise den Pfeffer.

Praktische Hinweise

Information: Comité de Tourisme, Mairie, Ascain, Tel 05 59 54 68 34, Fax 05 59 54 68 35

Hotels

Argi Eder, route de la Chapelle-de-Notre-Dame-de-l'Aubépine, Ainhoa, Tel. 05 59 93 72 00, Fax 05 59 93 72 13. Die Zimmer in dieser modernen Villa bieten einen schönen Bergblick.

Ithurria, place du Fronton, Ainhoa, Tel. 05 59 29 92 11, Fax 05 59 29 81 28. Baskisches Haus (17. Jh.) an der Dorfstraße, das einst Jakobspilger beherbergte. Hübscher Garten, Swimmingpool.

Restaurant

Euzkadi, rue Principale, Espelette, Tel. 05 59 93 91 88. An der Fassade des Hotel-Restaurants baumeln auch im Hochsommer Piments. Das Lokal ist für seine ausgezeichnete Küche bekannt,

Signalfarbe – aufgereiht schmücken die leuchtend roten, höllisch scharfen Piments im Herbst jedes Haus in Espelette

die die Zubereitung baskische Spezialitäten wie *Axoa* (Kalbsfrikassee) oder *Tripoxa* (Blutwurst) zelebriert.

45 Cambo-les-Bains

Künstler-Treffpunkt der Belle Époque.

Das freundliche Heilbad Cambo-les-Bains (5000 Einw.) besteht aus zwei Stadtteilen: Der alte Kern **Bas-Cambo** mit baskischen Häusern und der reizenden kleinen *Place du Fronton* liegt unmittelbar am südlichen Ufer der Nive. **Haut-Cambo**, auf einem 50 m hohen Plateau über dem Flüsschen, strahlt behagliche Kurbadatmosphäre aus. Hier entspringen in einem südöstlich gelegenen Park auch die 22°C warmen, schwefel- und eisenhaltigen Quellen, für die Cambo seit dem 16. Jh. berühmt ist.

International bekannt wurde Cambo durch den Theaterautor **Edmond Rostand** (1868–1918), der um die Jahrhundertwende in den Thermalkurort kam, um eine Rippenfellentzündung auszukurieren, und dort blieb. Seine 1897 uraufgeführte Komödie *Cyrano de*

Friedlich grasen Pferde und Schafe auf den Wiesen des baskischen Pyrenäenvorlandes, wo Weidewirtschaft groß geschrieben wird

Bergerac war so erfolgreich, dass er 1903 mit nur 33 Jahren als jüngstes Mitglied aller Zeiten in die Académie Française aufgenommen wurde. Im gleichen Jahr ließ er in seiner Wahlheimat westlich von Cambo auf einem Hügel die prächtige **Villa Arnaga** im neobaskischen Stil mit 40 Zimmern erbauen, das heutige **Musée Edmond Rostand** (April–Sept. tgl. 10–12.30 und 14.30–19 Uhr, Juli/Aug. durchgehend, Okt. 14.30–18 Uhr). Die schönen Gartenanlagen entwarf der Dichter selbst in Anlehnung an klassische französische Gärten. Die Inneneinrichtung zeigt luxuriöses Stilgemisch: Das Arbeitszimmer präsentiert sich im Empirestil, das Esszimmer im Stil Louis XVI., chinesisch das Rauchzimmer. Die mit Fresken dekorierte Empfangshalle diente auch als Bühne, Festsaal und Treffpunkt illustrer Gäste der Belle Époque wie Sarah Bernhardt, Gabriele d'Annunzio oder Pierre Loti.

Gute 10 km östlich liegen die **Grottes d'Isturits et d'Oxocelhaya** (Juli/Aug. tgl. 10–18 Uhr, sonst eingeschränkte Öffnungszeiten). Die beiden mehr als 20 m hohen Höhlen wurden nach ihrer Entdeckung 1930 durch eine Treppe verbunden und bergen bizarre Tropfsteinformationen sowie einige prähistorische Felsbilder und -ritzungen.

Praktische Hinweise

Information: Office de Tourisme, Parc St-Joseph, Cambo-les-Bains, Tel. 05 59 29 70 25, Fax 05 59 29 90 77

Hotel

Chez Tante Ursule, place du Fronton, Cambo-les-Bains, Tel. 05 59 29 78 23, Fax 05 59 29 28 57. Gutes Hotel, im landestypischen Stil mit Fachwerk.

46 St-Jean-Pied-de-Port

Zeitlos schöner historischer Pilgerort am Fuß des Passes von Roncevaux.

Teilweise mit Holzbalkonen versehene Stein- und Fachwerkhäuser ziehen sich vom Ufer der Nive einen Hügel hinauf bis zur alles überragenden Festung. Seit Jahrhunderten zieht das hübsche St-Jean-Pied-de-Port (2000 Einw.), umgeben von wiesen- und baumgrünen Bergen, die Menschen an, im Mittelalter Jakobspilger, heute Touristen. In dem Städtchen liefen die drei großen **Pilgerwege** durch Frankreich nach Santiago de Compostela zusammen. St-Jean-Pied-de-Port (St.-Johannes-zu-Füßen-des-Passes) war die letzte Etappenstation vor dem Pyrenäenübergang am *Col d'Ibaneta* und dem Abstieg zum Kloster Roncevaux auf spanischer Seite. Dort hatten übrigens Basken im 8. Jh. eine Abteilung fränkischer Soldaten unter Führung von Roland, einem Neffen Karls des Großen, aufgerieben, eine Schlacht, die in dem berühmten *Rolandslied* literarisch verarbeitet wurde.

Eine Wehrmauer umgibt noch heute den alten Stadtkern unterhalb der **Citadelle**, deren Ursprünge auf den Beginn des 13. Jh. zurückgehen. Vauban ließ sie 1668 ausbauen. In der für Touristen nicht zugänglichen, 600 x 150 m großen Anlage ist heute ein Collège untergebracht. Wegen des schönen **Ausblicks** auf das Nivetal, die umliegenden Berge und die sich unterhalb ausbreitende Stadt lohnt der Aufstieg aber trotzdem.

Am besten erlebt man die friedliche Atmosphäre von St-Jean-Pied-de-Port frühmorgens, ehe der starke Touristenstrom einsetzt. Über die von Häusern aus dem 18. Jh. gesäumte *Rue d'Espagne* gelangt man zur einbogigen Steinbrücke **Pont Notre-Dame** über die Nive, in deren klarem Wasser Forellen huschen. Von der Brücke blickt man auf die sich im Fluss spiegelnden, navarresischen Häuser. Am jenseitigen Ufer erhebt sich der viereckige Glockenturm, dessen Basis die **Porte Notre-Dame** ist, ein gut erhaltenes mittelalterliches Stadttor. Aus einer Nische des Turms schaut eine Statue der Jungfrau Maria.

Parallel zum Fluss schließt sich die gotische **Église Notre-Dame-du-Bout-du-Pont** (13./14. Jh.) an, deren fast karges Inneres den roten Sandstein ihrer Mauern schön zur Geltung bringt. Bei der Kirche beginnt die steile **Rue de la Citadelle**, die von schmucken Häusern (16./17. Jh.) aus ebenfalls rötlichem Sandstein gesäumt ist. Vielfach findet man in steinernen Türstürzen Baujahr, Namen der Besitzer oder religiöse Symbole eingemeißelt. Töpfer- und Kunsthandwerksläden haben sich hier angesiedelt und laden mit ihren Auslagen zum Bummeln ein.

Linker Hand liegt die **Prison des Evêques** von 1584. Der Name ›Gefängnis der Bischöfe‹ erinnert daran, dass St-Jean-Pied-de-Port auf Wunsch der Gegenpäpste von Avignon 1383–1417 bischöfliche Residenz war. Über die frühere Nutzung des großen einstöckigen Gebäudes herrscht Unklarheit: Diente es tatsächlich als Gefängnis, als Lagerraum oder als Kirche? Heute jedenfalls beherbergt es eine interessante kleine *Ausstellung* zu dem Phänomen der Jakobspilger (April – Okt. tgl. 10 – 12.30 und 14 – 18.30).

Praktische Hinweise

Information: Office de Tourisme, 14, place Charles-de-Gaulle, St-Jean-Pied-de-Port, Tel. 05 59 37 03 57, Fax 05 59 37 34 91, Internet: www.terre-basque.com

Hotel

Central 1, place Charles-de-Gaulle, Tel. 05 59 37 00 22, Fax 05 59 37 27 79. Einige der Zimmer bieten Blick auf den Fluss. Außerdem gibt es eine Terrasse.

Restaurant

TOP TIPP **Les Pyrénées**, 19, place Charles-de-Gaulle, Tel. 05 59 37 01 01, Fax 05 59 37 18 97. Eine der besten Adressen im Baskenland. Der Guide Michelin verlieh dem eleganten Restaurant zwei Sterne, u. a. für die köstliche Entenstopfleber und den frischen Adourlachs.

Vor allem von der Pont Notre-Dame aus gesehen sind die malerisch verschachtelten Häuser von St-Jean-Pied-de-Port an der Nive ein beliebtes Fotomotiv

AC 218320

Französische Atlantikküste aktuell A bis Z

Vor Reiseantritt

ADAC Info-Service:
Tel. 0 18 05 / 10 11 12, Fax 30 29 28 (0,12 €/Min.)

ADAC im Internet: www.adac.de

Informationen und Prospekte erhält man beim Französischen Fremdenverkehrsamt, **Maison de la France**, Internet: www.franceguide.com:

Deutschland
Westendstr. 47, 60325 Frankfurt/Main, Postfach 100 128, 60001 Frankfurt/ Main, E-Mail: franceinfo@mdlf.de, Tel. 01 90/ 57 00 25, Fax 01 90/ 59 90 61

Österreich
Argentinierstr. 41A, 1040 Wien, Tel. 09 00 / 25 00 15, Fax 01/5 03 28 71

Schweiz
Rennweg 42, Postfach 7226, 8023 Zürich, Tel. 09 00 /90 06 99, Fax 0 12 17 46 17

Allgemeine Informationen

Reisedokumente

Reisepass oder Personalausweis, unter 16 Jahren Kinderausweis oder Eintrag im Elternpass.

Kfz-Papiere

Zusätzlich zu Führerschein und Fahrzeugschein ist die Internationale Grüne Versicherungskarte sehr zu empfehlen.

Krankenversicherung und Impfungen

Anspruchsausweis der Krankenkasse besorgen (Kosten werden vor Ort von der *Caisse Primaire d'Assurance malade* erstattet; Selbstkostenbeteiligung) sowie – zusätzlich – eine **Auslandsreise-** und **Rückholversicherung** mit uneingeschränkter Kostenübernahme abschließen.

Geld

Die gängigen **Kreditkarten** werden in Banken, Hotels und zahlreichen Geschäften akzeptiert.

An **EC-Geldautomaten** kann man mit einer EC-Karte rund um die Uhr Geld abheben. Auch mit der Postbank *Spar Card* erhält man an VISA-PLUS-Automaten rund um die Uhr Geld.

Zollbestimmungen

Zwischen **EU-Ländern** ist der Reisebedarf für den persönlichen Gebrauch abgabenfrei. Obergrenzen sind: 10 l Spirituosen, 90 l Wein, davon 60 l Schaumwein, ferner 800 Zigaretten, 400 Zigarillos oder 200 Zigarren.

Für Reisende aus **Nicht-EU-Ländern** gelten als Höchstmengen: 1 l Spirituosen, 2 l Wein, 200 Zigaretten, 100 Zigarillos oder 50 Zigarren.

Tourismusämter im Land

Aquitanien
Comité régional du tourisme, Cité Mondiale, 23, parvis des Chartrons, 33074 Bordeaux, Tel. 05 56 01 70 00, Fax 05 56 01 70 07, Internet: www.crt.cr-aquitaine.fr

Bordelais
Comité départemental du tourisme, 21, cours de l'Intendance, 33000 Bordeaux, Tel. 05 56 52 61 40, Fax 05 56 81 09 99, Internet: www.mairie-bordeaux.fr

Charente-Maritime
Comité départemental du tourisme de Charente-Maritime, 11 bis rue des Augustins, 17000 La Rochelle, Tel. 05 46 31 71 71, Fax 05 46 31 71 70, Internet: www.charente-maritime.org

◁ *Hinter dem Märchenschloss in Weiß verbirgt sich Arcachons Spielkasino* **(oben)**, *die Küste lockt mit Köstlichkeiten des Meeres* **(Mitte links)**, *feinen Sandstrände wie hier die Grande Plage bei Biarritz* **(Mitte rechts)** *und flottem Wassersport* **(unten)**

Landes
Comité départemental des Landes, 4, rue Aristide Briand, 40000 Mont-de-Marsan, Tel. 05 58 06 89 89, Fax 05 58 06 90 90

Pays basque
Comité départemental du tourisme des Pyrénées-Atlantiques, Béarn, Pays basque, 22, ter, rue Jean-Jacques-de-Monaix, 64000 Pau, Tel. 05 59 30 07 28, Fax 05 59 02 52 75, Internet: www.tourisme64.com

Vendée
Comité départemental du tourisme, 8, place Napoléon, 85000 La Roche-sur-Yon, Tel. 02 51 47 88 20, Fax 02 51 05 37 01, Internet: www.vendee-tourisme.com

Vienne
Comité départemental du tourisme de la Vienne, B.P. 287, 1 bis rue Victor Hugo, 86007 Poitiers, Tel. 05 49 37 48 48, Fax 05 49 37 48 49, Internet: www.vienne.org

In den meisten Orten findet man ein **Office de Tourisme** oder **Syndicat d'Initiative**, in dem man Stadtpläne, Veranstaltungshinweise sowie Unterkunftsverzeichnisse bekommt und das in der Regel auch Zimmer vermittelt. Adressen, Telefon- und Faxnummern sind im Haupttext bei den jew. Orten unter **Praktische Hinweise** angegeben.

Notrufnummern

Police: Tel. 17
Sapeurs-pompiers (Feuerwehr): Tel. 18
Ambulance (Krankenwagen): Tel. 17 oder 18, mit Mobilfunk: Tel. 112

AIT-Assistance (Pannennotruf): Tel. 08 00 08 92 22 (rund um die Uhr, auch deutschsprachig, kostenpflichtig). Auf Autobahnen kann man über die Notrufsäulen Pannenhilfe anfordern.

ADAC-Notrufstation:
Tel. 04 72 17 12 22 (rund um die Uhr)

ADAC-Notrufzentrale München:
Tel. 0049/89/22 22 22 (rund um die Uhr)

ADAC-Ambulanzdienst München:
Tel. 0049/89/76 76 76 (rund um die Uhr)

ÖAMTC Schutzbrief-Nothilfe:
Tel. 00 43/(0)1/2 51 20 00

TCS Zentrale Hilfsstelle:
Tel. 00 41/(0) 2 24 17 22 20

Diplomatische Vertretungen

Deutschland
Deutsches Generalkonsulat, 377, boulevard du Président Wilson, 33200 Bordeaux, Tel. 05 56 17 12 22, Fax 05 56 42 32 65

Österreich
Österreichisches Konsulat, 86, cours Balguerie-Stuttenberg, 33300 Bordeaux, Tel. 05 56 00 00 70, Fax 05 57 87 60 30

Schweiz
Schweizer Generalkonsulat, 14, cours Xavier-Arnozan, 33080 Bordeaux, Tel. 05 56 52 18 65, Fax 05 56 44 08 65

Besondere Verkehrsbestimmungen

Tempolimits: Pkw auf Autobahnen 130 km/h (bei Regen 110 km/h), auf Schnellstraßen 110 km/h (bei Regen 100 km/h), auf National- und Départementsstraßen 90 km/h (bei Regen 80 km/h), in Ortschaften 50 km/h.

Wer den Führerschein noch keine zwei Jahre besitzt, darf außerorts höchstens 80 km/h, auf Schnellstraßen 100 km/h und auf Autobahnen 110 km/h fahren. Bei Regen und Schnee ist Abblendlicht obligatorisch. In Frankreich gilt eine **Promillegrenze** von 0,5.

Autobahnen sind überwiegend **mautpflichtig** (*Péage*), man kann die Gebühren bar oder mit Kreditkarte bezahlen. In den **ADAC-Geschäftsstellen** erhalten Mitglieder eine Liste der mautpflichtigen Autobahnen mit aktuellen Preisangaben.

Parken: In den Innenstädten gelten überwiegend Kurzparkzonen (*Zone bleue*). 12–14 Uhr ist das Parken meist gratis. Gelbe Streifen am Fahrbahnrand bedeuten Parkverbot.

Anreise

Auto

Umfangreiches **Informations-** und **Kartenmaterial** können Mitglieder des ADAC in Deutschland kostenlos bei den ADAC-Geschäftsstellen oder unter Tel. 0 18 05/10 11 12 (0,12 €/Min.) anfordern. Im ADAC Verlag sind außerdem die LänderKarte *Frankreich* (1:800 000), der TravelAtlas *Frankreich* (1:400 000), der TravelAtlas *Europa* (1:750 000) sowie das ADAC Reisemagazin *Frankreich: Die Atlantikküste* erschienen.

Am bequemsten und schnellsten erreicht man die Region, wenn man bei Saarbrücken oder Straßburg auf die Autobahn A 4 nach Paris fährt. Von dort kommt man über den Umgehungsring auf die A 11 in Richtung Nantes, wenn man die nördliche **Vendée** zum Ziel hat, oder auf die A 10 Richtung Poitiers, wenn man in die Gegend um **La Rochelle** bzw. in den südlicheren Küstenbereich fahren möchte.

An allen Tankstellen erhält man bleifreies Benzin (*Essence sans plomb*), auch als Super, und Diesel (*Gazole*).

Bahn

Über Paris fährt man per TGV (*Train à Grande Vitesse*) nach **Nantes** sowie über Poitiers und La Rochelle nach **Bordeaux**. Für die Strecke Paris – Bordeaux braucht der TGV nur 3 Std.; Platzkarten sind unabdingbar.

Von Hamburg, Hannover, Köln und Neu-Isenburg bei Frankfurt/Main aus verkehren zwischen Mai und September **Autoreisezüge** nach Bordeaux und Nantes.

Fahrplanauskunft:
Deutschland
Deutsche Bahn, Tel. 1 18 61,
Tel. 08 00/ 1 50 70 90 (sprachgesteuert)
Internet: www.bahn.de

Anker werfen oder Leinen los – Skipper aus aller Welt nutzen den Hafen von La Rochelle

Deutsche Bahn AutoZug, Tel. 0 18 05/ 24 12 24, Internet: www.autozug.de

Österreich
Österreichische Bundesbahn, Tel. 05 17 17, Internet: www.oebb.at

Schweiz
Schweizerische Bundesbahnen, Tel. 09 00 30 03 00, Internet: www.sbb.ch

Flugzeug

Bordeaux ist der wichtigste internationale Flughafen an der französischen Atlantikküste, Auskunft Tel. 05 56 34 50 50. Kleinere Flughäfen befinden sich in Nantes, Pau und Biarritz, von überwiegend regionaler Bedeutung sind die Airports von Périgueux und La Rochelle.

Bank, Post, Telefon

Bank

Banken sind meist Mo–Fr 9–12 und 14–16.30 Uhr geöffnet. Manche Institute haben samstags geöffnet, schließen dafür aber montags.

Post

Meist Mo–Fr 9–19 Uhr, Sa 9–12 Uhr geöffnet. In kleineren Orten 12–14 Uhr Mittagspause und frühere Schließzeiten. Briefmarken (*Timbres*) werden auch in manchen Tabakläden (*Tabac*) verkauft.

Telefon

Die meisten Telefonzellen funktionieren mit Telefonkarten, *Télécartes* erhältlich in Postämtern, Tabakläden und gekennzeichneten Verkaufsstellen.

Internationale Vorwahlen:

Frankreich	00 33
Deutschland	00 49
Österreich	00 43
Schweiz	00 41

Die französischen Telefonnummern sind zehnstellig und beginnen mit 0. Bei Gesprächen vom Ausland nach Frankreich lässt man diese 0 weg (= 00 33 + neunstellige Nummer).

Die Benutzung handelsüblicher **Mobiltelefone** ist in ganz Frankreich möglich. Man sollte sich jedoch vor Reiseantritt über das günstigste Netz vor Ort informieren und das eigene Mobiltelefon entsprechend programmieren.

›Käse schließt den Magen‹ sagt man in Frankreich – und sorgt für reiche Auswahl

Einkaufen

Öffnungszeiten: Di–Sa 9–12 und 14–18 Uhr, größere Geschäfte Mo–Sa 9–18.30 Uhr, Einkaufszentren Mo–Sa 9–19 Uhr. Bäckereien, Lebensmittelgeschäfte und Supermärkte sind oft bis 22 Uhr und Sonntagvormittags geöffnet.

Manche **kulinarischen Köstlichkeiten** der Region lassen sich gut mit nach Hause nehmen, z. B. einige Flaschen Bordeaux-Wein, Cognac, *Pineau des Charentes* oder baskischer Kräuterlikör *Izarra*. Auch Gänseleber im Glas oder *Confit* (eingemachtes Entenfleisch) sind wohlschmeckende Erinnerungen.

Im Pays basque, z. B. in St-Jean-de-Luz [Nr. 42], kann man die echten, gut verarbeiteten **Espadrilles** kaufen oder schöne, farbenfroh gestreifte **Leinenstoffe**. Beliebte Souvenirs sind auch **Baskenmützen** oder für die Küche gemahlenes **Piment** aus Espelette [Nr. 44].

Essen und Trinken

In Frankreich hält man sich recht genau an bestimmte **Essenszeiten**. Das Frühstück ist relativ unbedeutend, mittags isst man 12–14 Uhr und abends 19–21 Uhr.

In einem **guten Lokal** ist es in Frankreich üblich, telefonisch einen Tisch zu reservieren. Der Kellner begleitet Gäste zum Tisch. Die meisten Restaurants bieten neben der Auswahl à la carte mehrere Menüs an. Normalerweise besteht ein solches aus Vorspeise, Fisch- oder Fleischgang, Käse, Obst oder Dessert. Je nach Preisniveau wird noch ein Zwischengericht eingeschoben. Zu einem guten Essen trinkt man Wein; möchte man nicht die Weinkarte konsultieren, bestellt man den *Vin de la Maison* (Hauswein), der in der Regel ordentlich und preiswert ist.

Die Frage »Getrennt oder zusammen?« stellt sich beim **Bezahlen** nicht! Man zahlt den Gesamtbetrag, es ist unüblich, die Rechnung einzeln aufteilen zu lassen.

Trinkgeld

Für Qualität und zuvorkommenden Service gibt man auch in Frankreich Trinkgeld, das nach dem Bezahlen auf dem Tisch zurückgelassen wird. Dies gilt auch, wenn *Bedienung* bereits im Preis inbegriffen und als ›s.c.‹ oder *Service compris* in der Karte ausgewiesen ist. Steht dort ›s. n. c.‹, *Service non compris*, wird ein Zuschlag von etwa 10 % erhoben. Auch Zimmermädchen, Kofferträger und Taxifahrer erwarten eine finanzielle Anerkennung für gute Arbeit.

Feste und Feiern

Feiertage

1. Januar (Neujahr/*Nouvel An*), Ostermontag (*Lundi de Pâques*), 1. Mai (Tag der Arbeit/*Fête du Travail*), 8. Mai (Ende des Zweiten Weltkriegs/*Armistice 1945*), Christi Himmelfahrt (*Ascension*), Pfingstmontag (*Lundi de la Pentecôte*), 14. Juli (Nationalfeiertag/*Fête Nationale*), 15. August (Mariä Himmelfahrt/*Assomption*), 1. November (Allerheiligen/ *Toussaint*), 11. November (Ende des Ersten Weltkriegs/*Armistice 1918*), 25. Dezember (Weihnachten/ *Noël*).

Feste

Im Folgenden eine Auswahl der wichtigsten **Feste** und **Veranstaltungen**:

Januar
Espelette: Die *Foire aux Pottoks* am letzten Dienstag und Mittwoch des Monats ist ein Markt baskischer Ponies.

Februar
Bayonne, **St-Jean-de-Luz**: *Carnaval* mit teils sehr farbenfrohen Umzügen.

März
Biarritz: Zum *Carnaval* Anfang März gerät die Stadt außer Rand und Band.

Schlemmerparadies Atlantikküste

So bodenständig und elegant zugleich wird das Essen in kaum einem anderen Landstrich Frankreichs zelebriert. Im gesamten Küstenbereich spielen Fisch und Meeresfrüchte natürlich eine große Rolle. Optisch überwältigend ist das **Plateau de fruits de mer***: Hübsch angerichtet türmen sich Langustinen, Garnelen (Crevettes), Austern (Huîtres), Miesmuscheln (Moules) und vielleicht ein Krebs (Crabe). Eine weit verbreitete Vorspeise sind* **Moules marinières***, mit Zwiebeln in Weinsud serviert, oder* **Mouclade charentaise***, mit Butter, Sahne, Eigelb und Curry oder Safran abgeschmeckt. Nicht überall bereitet man* **Eclade** *zu, in Kiefernnadeln gegrillt. Ganz fein schmecken auch* **Coquilles St-Jacques** *(Jakobsmuscheln), die oft als Vorspeise mit Cremesauce überbacken werden. Die Charenteküste und das Bassin d'Arcachon sind Europas größte Austernzuchtgebiete. Frisch und günstig probiert man* **Austern** *direkt bei den Zuchtparks mit ein paar Tropfen Zitrone, etwas Schwarzbrot und einem trockenen Weißwein.* **Huîtres à la charentaise** *(Austern auf Charentaiser Art) kitzelt die Geschmacksnerven, denn die kühlen Mollusken werden mit scharfen Würstchen genossen.*

Fischliebhabern *lacht das Herz bei der Auswahl: Loup de mer (Wolfsbarsch), Sole (Seezunge), Turbot (Steinbutt), Raie (Rochen), Bar (Seebarsch), Lotte (Quappe), Dorade (Goldbrasse) findet man auf den lokalen Märkten und natürlich in den Restaurants.*

Spezialität der Vendée sind die **Brioche vendéenne***, ein Hefezopf, und* **Mojettes***, zarte weiße Bohnen, die man mit frischem Schinken isst. Im Poitou-Charentes gelten* **Lumas** *oder* **Cagouilles***, mit Sahne, Butter oder Pineau de Charentes zubereitete Schnecken, als Delikatesse. Vom Poitou schließlich werden Liebhaber feinen Ziegenkäses, am bekanntesten ist der* **Chabichou***, begeistert sein.*

Zwischen Gironde und Adour spielt die Geflügelzucht eine wichtige Rolle. Einige der Spezialitäten kann man auf einer **Assiette landaise** *(Teller nach Art der Landes) probieren: ein Häppchen* **Foie gras** *(Stopfleber), einige* **Gesiers** *(Entenmägen), ein paar Scheibchen* **Magret fumé** *(geräucherte Entenbrust). Fast als Standardgericht kann man* **Confit de canard** *(im eigenen Fett eingelegte Schenkel oder Flügel von Ente) oder* **Confit d'oie** *(von der Gans) bezeichnen.*

Das **Entrecôte à la bordelaise** *war eine Spezialität der Winzer, die Fleisch über holzigen alten Rebstöcken brieten. Feinschmecker schätzen* **Agneau de Pauillac***, zarten Lammrücken aus dem Weinstädtchen Pauillac. Naschkatzen und Leckermäulern sind die feinen* **Macarons** *(Mandelmakronen) aus St-Emilion gar eine eigene Reise wert.*

Auch das Pays basque wartet mit einer Reihe von köstlichen Spezialitäten auf: bekannt sind **Jambon***, Schinken, aus Bayonne und* **Poulet basquaise***, Hühnchen mit Tomaten, Piment, Schinkenwürfeln und Zwiebeln in Weißwein geschmort. Daneben kann man* **Piperade***, ein Pfannengericht aus Eiern, Tomatensauce, Knoblauch, Zwiebeln, Piment und einer Scheibe Bayonner Schinken,* **Ttoro***, die exquisite baskische Bouillabaisse, sowie* **Chipirons à l'encre***, in ihrer eigenen Tinte geköchelte Tintenfische, bzw.* **à la madrilène***, mit Zwiebeln, Tomaten, Knoblauch, Olivenöl und Paprika, nur empfehlen.* **Thon blanc** *ist gegrillter weißer Thunfisch,* **à la basquaise** *kommt er mit Tomatensauce.* **Garbure***, eine kräftige Gemüsesuppe, manchmal mit Geflügelteilen ›verstärkt‹, wird im gesamten Südwesten zubereitet. Köstlich schmecken das baskische* **Axoa***, Kalbsragout mit Zwiebeln und Piment abgeschmeckt, und die sehr würzige baskische Kalbsblutwurst* **Tripoxa***. Im Herbst und Winter kann man* **Salmi de palombes***, Wildtaubenragout, kosten.*

Dass im Baskenland der ausgezeichnete Schafskäse **Brébis des Pyrénées** *hergestellt wird, ist ein offenes Geheimnis. Die Herkunftsbezeichnung ›A.O.C. Ossau-Iraty‹ dient als Gütesiegel: Hier wird aus 5 l Schafmilch 1 kg Käse gewonnen. Als süße Nachspeise wird dem Urlauber oft* **Gâteau basque** *angeboten, Kuchen, der klassischerweise mit Kirschen aus Itxassou garniert oder mit Kirschmarmelade gefüllt wird. Und zum Abschluss darf es vielleicht noch ein feiner* **Izarra***, grüner oder gelber Kräuterlikör sein?*

April
La Tranche-sur-Mer: *Fête des Fleurs*, ein großes Fest mit Umzügen durch die blumengeschmückten Straßen.

Mai
Mimizan-Plage: Am 1. Mai feiert man die *Fête de la Mer* mit Blumenkorso.

Biscarrosse: Beim *Rassemblement international d'Hydravions* sieht man Wasserflugzeuge aus aller Welt.

Juni
St-Emilion: Am 3. Sonntag des Monats verkündet beim Frühlingsfest *Fête de Printemps de la Jurade* die lokale Weinbruderschaft traditionellerweise ihre Bewertung der Weine des Vorjahres.

Capbreton: Die *Fête de la Mer* wird am Meeresstrand mit Sport und Spaß sowie reichlich Essen und Trinken gefeiert.

St-Jean-de-Luz: *Fête de St-Jean* zu Ehren des Ortsheiligen Johannes mit Messe, Konzerten, Pelotespiel u. a.

Juli
Talmont-St-Hilaire: Anfang Juli wird mit der ausgelassenen *Fête de la Moule* der Miesmuschel gedacht.

St-Jean-de-Luz: Thunfisch steht im Mittelpunkt der *Fête du Thon* mit Umzug, Leckereien, Tanz und Spielen.

Hendaye: Bunte *Fête du Chipiron*, bei der nicht zuletzt unzählige der namengebenden Tintenfische verzehrt werden.

Juli/August
Biscarrosse, Capbreton, Hossegor, Mimizan, Dax: Die Arenen sind Schauplätze von *Courses landaises*.

Le Château d'Oléron: *Fête de l'Huître et du Pineau*, Volksfest rund um Austern und den leckeren Pineau-Aperitif.

St-Gilles-Croix-de-Vie: Ende Juli, Anfang August findet die jahrmarktsartige *Fête du Poisson*, das Fischfest, statt.

August
Bayonne: In der ersten August-Woche gibt es bei den *Fêtes traditionnelles* viel Atmosphäre mit Korso, *Courses landaises* und Pelotespielen zu erleben.

Gujan-Mestras: Am Port de Larros feiert man in der ersten Augusthälfte die *Foire aux Huîtres*, das Fest der Austern, mit Musik, Tanz und Schlemmerei.

Arcachon: Die Uferpromenade verwandelt sich am 15. August zur *Fête de la Mer* in eine einzige Vergnügungsmeile.

Biarritz: Höhepunkt der abendlichen *Nuit féerique* am 15. August ist das große Feuerwerk über den Klippen. Bei den *Biarritz Surf Masters* (Weltmeisterschaft der Surfer), misst sich die internationale Elite dieses Sports.

Dax: Einheimische und Gäste freuen sich Mitte August auf die *Feria* mit Stierkämpfen, Feuerwerk und folkloristischen Darbietungen. Man tanzt in den Straßen und zieht von Kneipe zu Kneipe.

Lacanau: *Open Mondial de Surf*, offene Wettkämpfe im Wellenreiten.

September
St-Jean-de-Luz: Anfang des Monats steht bei der *Fête du Ttoro* die berühmte baskische Fischsuppe im Mittelpunkt. Mitte September verfolgt die Region die *Weltmeisterschaft im Pelotespiel*.

St-Emilion: Am 3. Sonntag im September verkündet die *Jurade*, die in feierliches Rot gekleidete Gemeinschaft der Winzer und Honoratioren, anlässlich der *Proclamation du Ban des Vendanges par la Jurade* den Beginn der Weinlese. Ihr Ende gibt Anlass zur *Fête du Patrimoine*, bei der u.a. viel getrunken wird.

La Rochelle: Große internationale Bootsausstellung *Grand Pavois*.

Pauillac: Die liebliche Landschaft des Médoc durchlaufen die Teilnehmer des *Marathon des Châteaux du Médoc*.

Oktober
Espelette: Die Peperoni gibt am letzten Wochenende im Oktober Anlass zum Volksfest *Fête du Piment*.

Klima und Reisezeit

Relativ viel Sonne und milde Temperaturen kennzeichnen das Klima an der Atlantikküste. Die beste Reisezeit für einen **Badeurlaub** ist von der zweiten Junihälfte bis Mitte September, wenn die Wassertemperaturen des Atlantik 20 °C erreichen. Hochsaison herrscht in den Monaten Juli und August, dann brodelt in den Küstenorten der Ferienbetrieb. Ganz anders im **Hinterland** der Vendée, des Poitou oder der Landes, wo es selbst in Urlaubszeiten friedlich, fast verschlafen zugeht. An der Küste wird es ab dem 20. August, wenn in Frankreich die Ferien zu Ende gehen, deutlich ruhiger, bei durchaus noch schönem Wetter.

Klimadaten Bordeaux

Monat	Luft (°C) min./max.	Wasser (°C)	Sonnen-std./Tag	Regen-tage
Januar	2/9	12	3	16
Februar	2/11	11	4	13
März	4/15	12	6	13
April	8/17	13	7	13
Mai	9/20	15	8	14
Juni	12/24	17	8	11
Juli	14/25	18	8	11
August	14/26	19	8	12
September	12/23	19	7	13
Oktober	8/18	17	5	14
November	5/13	15	3	15
Dezember	3/19	14	2	17

Kultur live

April
Cognac: Das Filmfest *Festival du Film policier* ist dem Genre Krimi gewidmet, Internet: www.festival.cognac.fr.

April/Mai
Poitiers: Während des Musikfestivals *Printemps musical* spielen einheimische Gruppen und Kapellen Folklorestücke ebenso wie Klassisches oder Modernes.

Mai
Biarritz: Zum *Festival international de la Folklore* lassen Chöre, Bands und Tanzgruppen aus aller Welt ihre heimatlichen Traditionen lebendig werden.

Juni–August
Puy-du-Fou: Kulturelle Veranstaltungen runden das historische Freilichtspektakel *Jacques Mautpillier, paysan vendéen* ab.

Département Gironde: *L'Été Girondin* mit Konzerten und Theateraufführungen, z. B. *Festival de Jazz* im Médoc oder *Festival du Théâtre* in Blaye.

Juli
La Rochelle: *Les Francofolies*, die Tage des großen Musikfestivals französischsprachiger Chansons, Folklore, Ethnorock etc., fallen in die erste Julihälfte, Internet: www.francofolies.fr.

Bayonne: Mitte Juli genießen kunstsinnige Besucher beim *Festival de Jazz aux Remparts* Jazz auf den Stadtmauern.

Fort-Médoc: Während der Tage des *Jazz Fort-Médoc* wird auch in der ehem. Festung gejazzt, was das Zeug hält.

August/September
Bayonne, **Biarritz**, **Ciboure, St-Jean-de-Luz:** Hier und in weiteren Orten an der baskischen Küste finden im Rahmen des Programms *Musique en Côte basque* Musikveranstaltungen von Opern bis zu A-cappella-Gesang statt.

November
Bordeaux: In der zweiten Novemberwoche kann man beim Theater- und Tanzfestival *Novart* neben Ballett und Schauspiel auch allerlei Innovatives und Avantgardistisches sehen.

Nachtleben

In den großen Städten und während der Saison auch in den Ferienorten werden die üblichen Vergnügungen in **Bars** und **Discos** geboten. Allerdings ist der Besuch von Diskotheken in Frankreich ein teurer Spaß. Große Campinganlagen bieten zur Saison oft **Animation**, d. h. abends (mehr oder weniger gelungene) Live-Musik mit Tanzmöglichkeit. **Spielkasinos** (*casino*) gibt es in den nobleren Seebädern wie Arcachon oder Biarritz.

Sport

Baden

Zweifellos die Hauptattraktionen der französischen Atlantikküste sind ihre herrlichen Sandstrände, z. B. die makellose **Côte d'Argent** südlich der Gironde bis zu den Pyrenäen. Steile Felsen mit kleinen sandigen Buchten kennzeichnen die sich anschließende baskische Küste. An vielen Stränden werden Zelte und Sonnenschirme vermietet. Nacktbaden ist außerhalb der FKK-Zentren nicht üblich.

Der **Gezeitenwechsel** ist an der französischen Atlantikküste sehr ausgeprägt. Die dadurch entstehenden **Strömungen** können tückisch und selbst für sehr gute Schwimmer gefährlich sein. Deswegen sollte man sich unbedingt an die bewachten Strände halten und die Farbe der dortigen Fahnen beachten: Rot verbietet das Baden, Gelb bedeutet, dass es gefährlich, aber möglich ist, und Grün signalisiert ungetrübte Wasserfreuden. Gefahrlos schwimmt man auch in den vielen **Seen** südlich der Gironde, die oft ebenfalls von Sandstränden gesäumt werden, wie etwa der Lac d'Hourtin.

Basken verfolgen Pelote mit Leidenschaft, für Touristen wirkt das Spiel eher exotisch

Golf

Das Golfspielen kam in den letzten Jahren zunehmend in Mode. Entsprechend reichhaltig ist das Angebot an meist sehr hübsch gelegenen Plätzen von 9- und 36-Loch-Anlagen. Nahe **Biarritz** wurde in den grünen Hügeln des küstennahen Baskenlandes bei Bidart das *Centre International du Golf* (Tel. 05 59 43 81 30) eröffnet, ein Leistungszentrum für Profis und solche, die es werden wollen.

Kajak und Kanu

Ein reizvolles **Paddelrevier** ist das von Kanälen durchzogene Marais Poitevin. Auf mehrere Tage könnte eine Tour über die Verbindungskanäle entlang der Binnenseen an der Côte d'Argent angelegt sein. Landschaftlich schön ist auch die Strecke auf Leyre und Eyre zwischen dem Ort Sabres und dem Bassin d'Arcachon. Hier wurden in Tagesetappen Campingplätze eingerichtet, Bootsverleih mit Rückholservice – alles ist bestens organisiert. Mit Meerkajaks, zu leihen in der *Maison de la Nature* in Le Teich [s. S. 90], kann man auch das Bassin selbst befahren.

Parasailing und Paraglidung

Beliebt bei Drachenfliegern (*Deltaplan*), wenn auch von den Bedingungen her nicht unbedingt optimal, ist die über 100 m hohe Düne von Pilat beim Bassin d'Arcachon. Landschaftlich spannender für Flieger sind die Pyrenäen.

Pêche à Pied

›Fischen zu Fuß‹ ist ein mit Hingabe betriebenes Hobby zahlreicher Franzosen: Bei Ebbe ziehen sie mit Rechen, Eimer, Harke und Spaten los, um essbare Muscheln im Sand, Strandschnecken oder Taschenkrebse im Tang bzw. unter Steinen aufzuspüren.

Radfahren

Immer größerer Beliebtheit erfreuen sich Radtouren im Küstenbereich, in den meisten Ferienorten werden Fahrräder vermietet. Zwischen vielen Badeorten bestehen eigene *Pistes Cyclables*, besonders gut ist das Radwegenetz im Département Gironde ausgebaut. Teilweise wurden die Wege entlang alter Eisenbahntrassen angelegt, teils eigens asphaltierte Strecken durch den duftenden Kiefernwald gebaut.

Reiten

Reiterhöfe, *Centres équestres*, bieten Kurse sowie Ausritte am Strand oder in die Wälder. Detaillierte Informationen erteilt die *Association régionale de tourisme équestre,* 3, rue Bossuet 44000 Nantes, Tel. 02 40 48 12 27, Internet: www.comite-regional-tourisme-equestre.com.

Segeln

Zentren des Hochseesegelns sind die Île de Noirmoutier und La Rochelle, das einen der größten Jachthäfen der Region besitzt. Anfänger schätzen die ruhigen Gewässer der Binnenseen, wo sie – etwa auf dem Étang de Lacanau – in Ruhe üben können.

Tauchen

Gute Tauchmöglichkeiten bietet die baskische Küste; Tauchfahrten werden z. B. auch in Arcachon angeboten.

Tennis

Fast in jedem Badeort, oft auch bei größeren Campinganlagen auf dem Land, findet man Tennisplätze, die man stundenweise mieten kann.

Wellenreiten

Seit 1957 das Wellenreiten (*Surf*) aus Hawaii nach Europa kam, wurde es in Frankreich begeistert aufgenommen. In jedem Badeort an der Silberküste bieten einschlägige Schulen Kurse an. Hochburgen der Surfer sind Lacanau, Hossegor und Biarritz, wo im August auch die Weltmeisterschaften ausgetragen werden.

Windsurfen

Windsurfer (*Plancheurs à voile*) – ob Anfänger oder Cracks – finden an der Atlantikküste sehr gute Möglichkeiten, ihren Sport auszuüben. Am Meer weht fast immer eine Brise, und wem der Wellengang zu hoch ist, kann im südlichen Atlantikbereich auf die vielen Süßwasserseen ausweichen. Surfgeschäfte, -schulen und Ausrüstungsverleih sind in jedem Badeort vorhanden.

Statistik

Lage: Die in diesem Band beschriebene Französische Atlantikküste umfasst den Küstenbereich südlich der Loire bis zu den Pyrenäen an der spanischen Grenze.

Verwaltung: Frankreich ist in 96 Départements eingeteilt. Als übergeordnete Einheiten schuf man 1972 im Rahmen der Verwaltungsreform 22 Regionen. Der hier beschriebene Küstenbereich gehört zu den drei Regionen Pays-de-Loire (Hauptstadt Nantes, hier beschrieben: Département Vendée), Poitou-Charentes (Hauptstadt Poitiers, Départements Deux-Sévres, Charente-Maritime) und Aquitaine (Hauptstadt Bordeaux, Départements Gironde, Landes, Pyrénées-Atlantiques); jeweils mit eigener Tourismuszentrale [s. S. 125].

Bevölkerung: Hauptstadt der Region Aquitaine, in der rund 2,7 Mio. Menschen leben, ist Bordeaux mit 215 000 Einwohnern (630 000 im Großraum). Von den ca. 1,2 Mio. Einwohnern Poitou-Charentes' wohnen etwa 90 000 in der Regionskapitale Poitiers. Das Département Vendée ist mit 460 000 Bewohnern relativ dünn besiedelt. Im Bereich der Französischen Atlantikküste leben Nachfahren romanisierter gallischer Stämme. Von ihnen unterscheiden sich die Basken im Süden, deren Herkunft den Wissenschaftlern nach wie vor Rätsel aufgibt.

Die vorherrschende **Religion** ist die römisch-katholische. Protestantische Enklaven findet man um La Rochelle, im Poitou und in der Gegend um Niort.

Wirtschaft: Die Französische Atlantikküste ist an sich sehr ländlich. Schwerindustrie konnte sich hier nie fest etablieren, ausgenommen der Schiff- und Eisenbahnbau. Seit Ende des 19. Jh. wurde der Tourismus sowie die damit zusammenhängenden Bereiche Handel und Dienstleistungen für den gesamten Küstenbereich zum wichtigsten Wirtschaftsfaktor.

In der Vendée spielt die Salzgewinnung auf der Île de Noirmoutier noch eine gewisse Rolle, Fischerei wird in St-Gilles-Croix-de-Vie betrieben. Wirtschaftlich bedeutender sind jedoch die beiden größten Sportbootfirmen Europas, die in der Vendée ihre Werften haben. Schiffbau findet sich traditionell auch in La Rochelle. Ein bedeutender Wirtschaftsfaktor sind Weinanbau und Cognac-Herstellung um den Ort Cognac sowie Austernzucht bei Marennes, der Île d'Oléron und der Île de Ré.

Aquitanien ist stark von Land- und Waldwirtschaft geprägt. Zellulosefabriken verwerten das schnell wachsende Kiefernholz. Daneben baut man Mais, Spargel, Obst und besonders Wein an.

Das Bordelais gilt quasi als Synonym für gute Weine. Luft- und Raumfahrtforschungszentren, Raffinerien und metallverarbeitende Industrie bieten im Großraum Bordeaux Arbeitsplätze. Bei Parentis wird seit den 50er-Jahren Erdöl gefördert, Erdgas bei Lacq im Süden.

Das Bassin d'Arcachon ist ein Zentrum der Austernzucht. An der baskischen Küste spielt Fischerei, besonders Thunfischfang, eine Rolle. Das Inland ist agrarisch geprägt; hier werden ausgezeichnete Schinken und Käse produziert.

Unterkunft

Die Unterkunftsmöglichkeiten sind im Bereich der Französischen Atlantikküste vielfältig. Von der noblen Suite in mittelalterlichen Burgen oder Schlosshotels, gemütlichen Zimmern in ländlichen Herbergen, *Auberges,* bis zur Übernachtung auf dem Campingplatz kann man je nach Geschmack und Brieftasche wählen.

Camping

Campingurlaub ist sehr beliebt. Manche Orte an der Côte d'Argent, wie z. B. Pyla-sur-Mer, sind wahre Campingstädte, riesengroß, mit Geschäften, Restaurants, einem umfassenden Sport- und Vergnügungsangebot sowie entsprechendem Lärmpegel. Auf den ausgedehnten Anlagen, oft auch *Hôtels de plein air*

(Freilufthotels) genannt, werden zunehmend Bungalows oder Mobilhomes wochenweise vermietet. Wer es beschaulicher mag, wählt gemeindeeigene *Campings municipal*, meist kleinere Plätze ohne übertriebenen Aufwand. Noch ruhiger übernachtet man auf den *Campings à la ferme*, einfachen, im Hinterland gelegenen Plätzen, die einem Bauernhof angeschlossen sind.

Ein ausführliches Verzeichnis geprüfter Campingplätze der Region bietet der *ADAC Camping Caravaning Führer, Band 1 – Südeuropa.*

Ferienwohnungen

An der Französischen Atlantikküste werden in großem Umfang Ferienwohnungen angeboten. Wer zur Hauptferienzeit in gefragte Küstenorte wie Arcachon reisen möchte, sollte allerdings Monate im Voraus buchen. Originell sind oft die Ferienwohnungen und -häuser von **Gîtes de France**, Internet: www.gites-de-france.fr. Buchung über die Regionalbüros, z.B.:

La Charente Maritime, 1, Perspective de l' Océan, Les Minimes, BP 32, 17002 La Rochelle, Tel. 05 46 50 63 63, Fax 05 46 50 54 46

La Gironde, 21, Cours de l' Intendance, 33000 Bordeaux, Tel. 05 56 81 54 23, Fax 05 56 51 67 13, E-Mail: gites-de-france-gironde@wanadoo.fr

Hausboote

Urlaub im Hausboot auf den französischen Flüssen und Kanälen erfreut sich großer Beliebtheit. Es ist eine sehr entspannende, beschauliche, bequeme und bei mehreren zahlenden Personen keineswegs zu teure Ferienvariante. Besonders reizvoll sind das Gebiet der *Sèvre Niortaise* im Marais Poitevin sowie das Flüsschen Charente, das von Angoulême über Cognac, Saintes bis Rochefort schiffbar ist. Auskünfte und Buchung über **Maison Poitou-Charentes**, 68–70, rue du Cherche-Midi, 75006 Paris, Tel. 01 42 22 83 74, Fax 01 45 49 18 84.

Hotels

Eine Auswahl empfehlenswerter Hotels bieten die **Praktischen Hinweise** im Haupttext. Urlauber, die gern in einem Schloss logieren möchten, bestellen am besten die Broschüre *Château Accueil* beim französischen Fremdenverkehrsamt [s. S. 125]. Auch *Châteaux et Hôtels de France* vermittelt Übernachtungen in **Schlosshotels** und Herrenhäusern. Der Katalog ist gegen Schutzgebühr erhältlich bei der Deutschlandvertretung stb-reisen, Platterstr. 87, 65232 Taunusstein, Tel. 0 61 28/98 25 13, Fax 98 25 15.

Campingurlaub ist in Frankreich sehr beliebt, und entsprechend schön gelegene Plätze sind auch an der Atlantikküste zu finden, wie z. B. hier bei Biarritz

Am Rand größerer Städte kann man sehr günstig in den nüchternen Häusern der Kette *Etap'Hotel* oder *Formule 1* übernachten. Der Zimmerpreis ist einheitlich, unabhängig von der Anzahl der Personen (maximal vier). Diese **Stop-and-go-Hotels** kommen jedoch nur für Reisende mit eigenem Fahrzeug infrage, da sie meist an Autobahnzubringern oder in Vororten liegen.

Ein gutes Mittel zwischen diesen beiden Extremen sind Hotels, die sich unter dem Namen **Logis et Auberge de France** zusammengeschlossen haben. Unter dem Zeichen des grünen Schilds mit gelbem Kamin findet man solide, traditionelle Hotels. In der Regel ist ein Restaurant angeschlossen, das gute Küche zu angemessenen Preisen bietet.

Während der Saison werden viele Hotelzimmer nur mit **Halbpension** vermietet. Das eher karge französische Frühstück wird in der Regel separat berechnet. Besser frühstückt man in einem Café.

Jugendherbergen

Mitglieder des Jugendherbergswerks können in den oft sehr malerisch gelegenen *Auberges de Jeunesse* günstig übernachten. Während der Hochsaison sollte man sich telefonisch versichern, ob Betten frei sind. Informationen erteilt die **Fédération Unie des Auberges de Jeunesse**, 9, rue de Brantome, 75003 Paris, Tel. 01 48 04 70 40, Fax 01 42 77 03 29, Internet: www.fuaj.org, oder das **Deutsche Jugendherbergswerk**, Bismarckstr. 8, 32760 Detmold, Tel. 0 52 31/ 7 40 10, Fax 74 01 49, Internet: www.jugendherberge.de.

Jugendherbergen ähnlich sind die **Gîtes d'Etape**, die man oft an Kanustrecken, Wander- oder Radrouten findet.

Privatzimmer

Privatzimmer, *Chambres d'Hôte*, bieten sowohl günstige Übernachtungsmöglichkeit als auch Gelegenheit zu Kontakt mit der Bevölkerung. Die örtlichen Touristenbüros verfügen über Listen der Vermieter.

Wohnmobile

Wer mit dem Wohnmobil unterwegs ist, findet in Frankreichs Westen zunehmend ausgewiesene Parkplätze. Sie verfügen über sanitäre Einrichtungen und Wasserzapfsäule, und man darf dort übernachten.

Der etwas andere Familienausflug: mit dem Tretauto durch St-Jean-des-Monts

Verkehrsmittel im Land

Bahn

Arcachon und Biarritz sind seit dem 19. Jh. an das Eisenbahnnetz angeschlossen. Auch Bordeaux, Royan, La Rochelle und Les Sables d'Olonne erreicht man per Bahn bequem und schnell von Paris aus. Entlang der Küste existieren jedoch keine Verbindungen.

Bus

Busbahnhöfe, *Gare routière*, findet man meist vor dem Bahnhof. Die meisten Buslinien sind inzwischen in privater Hand, rentable Strecken zwischen bekannten Badeorten werden also häufig und regelmäßig befahren. Im Landesinneren wird das Netz aber recht dünn.

Mietwagen

Vor der Reise bucht man Leihwagen meist preiswerter als vor Ort. *ADAC-Mitglieder* können bei den Geschäftsstellen oder über Tel. 0 18 05/31 81 81 (0,12 €/Min.) Autos zu günstigen Konditionen mieten.

Schiff

Weite Wege erspart die **Autofähre**, die über den Mündungstrichter der Gironde hinweg Royan und die Pointe de Grave verbindet sowie, etwas weiter flussaufwärts, Blaye und Lamarque. Ebenfalls sehr bequem ist die **Personenfähre** Cap Ferret – Arcachon am Ausgang des Bassin d'Arcachon.

Sprachführer

Das Wichtigste in Kürze

Ja / Nein	*Oui / Non*
Bitte / Danke	*S'il vous plaît / Merci*
In Ordnung. / Einverstanden.	*Très bien. / D'accord.*
Entschuldigung!	*Pardon! / Excuse(z)-moi!*
Wie bitte?	*Comment? / Vous dites?*
Ich verstehe Sie (nicht).	*Je (ne) vous comprends (pas).*
Ich spreche nur wenig Französisch.	*Je ne parle que peu le français.*
Können Sie mir bitte helfen?	*Pourriez-vous m'aider, s'il vous plaît?*
Das gefällt mir (nicht).	*Cela (ne) me plaît (pas).*
Ich möchte ...	*Je voudrais ...*
Haben Sie ...?	*Avez-vous ...?*
Gibt es ...?	*Y a-t-il ...?*
Wie viel kostet das?	*Cela coûte combien?*
Kann ich mit Kreditkarte bezahlen?	*Puis-je régler avec une carte de crédit?*
Wie viel Uhr ist es?	*Quelle heure est-il?*
Guten Morgen! / Guten Tag!	*Bonjour!*
Guten Abend!	*Bonsoir!*
Gute Nacht!	*Bonne nuit!*
Hallo! / Tschüs!	*Salut!*
Mein Name ist ...	*Je m'appelle ...*
Wie ist Ihr Name, bitte?	*Quel est votre nom, s'il vous plaît?*
Wie geht es Ihnen?	*Comment allez-vous?*
Auf Wiedersehen!	*Au revoir!*
Bis bald!	*A bientôt!*
Bis morgen!	*A demain!*
gestern / heute / morgen	*hier / aujourd'hui/ demain*
am Vormittag / am Nachmittag	*le matin / l'après-midi*
am Abend/ in der Nacht	*le soir / la nuit*
um 1 Uhr / 2 Uhr ...	*à une heure / à deux heures ...*
um Viertel vor / nach ...	*à ... moins le quart / et quart*
um ... Uhr 30	*à ... heure(s) trente*
Minute(n) / Stunde(n)	*minute(s) / heure(s)*
Tag(e) / Woche(n)	*jour(s) / semaine(s)*
Monat(e) / Jahr(e)	*moi(s)/an(s)/année(s)*

Zahlen

0	*zero*	19	*dix-neuf*
1	*un*	20	*vingt*
2	*deux*	21	*vingt-et-un*
3	*trois*	22	*vingt-deux*
4	*quatre*	30	*trente*
5	*cinq*	40	*quarante*
6	*six*	50	*cinquante*
7	*sept*	60	*soixante*
8	*huit*	70	*soixante-dix*
9	*neuf*	80	*quatre-vingt*
10	*dix*	90	*quatre-vingt-dix*
11	*once*	100	*cent*
12	*douze*	200	*deux cents*
13	*treize*	1 000	*mille*
14	*quatorze*	2 000	*deux mille*
15	*quinze*	10 000	*dix mille*
16	*seize*	1000 000	*un million*
17	*dix-sept*	1/2	*un demi*
18	*dix-huit*	1/4	*un quart*

Wochentage

Montag	*lundi*
Dienstag	*mardi*
Mittwoch	*mercredi*
Donnerstag	*jeudi*
Freitag	*vendredi*
Samstag	*samedi*
Sonntag	*dimanche*

Monate

Januar	*janvier*
Februar	*février*
März	*mars*
April	*avril*
Mai	*mai*
Juni	*juin*
Juli	*juillet*
August	*août*
September	*septembre*
Oktober	*octobre*
November	*novembre*
Dezember	*décembre*

Maße

Kilometer	*kilomètre*
Meter	*mètre*
Zentimeter	*centimètre*
Kilogramm	*kilogramme*
Pfund	*livre*
Gramm	*gramme*
Liter	*litre*

Unterwegs

Nord / Süd / West / Ost	*nord / sud / ouest / est*
oben / unten	*en haut / dessous*
geöffnet / geschlossen	*ouvert / fermé*
geradeaus / links / rechts / zurück	*tout droit / gauche / droite / en arrière*
nah / weit	*proche / loin*
Wie weit ist das?	*A quelle distance d'ici se trouve?*
Wo sind die Toiletten?	*Où sont les toilettes?*
Wo ist die (der) nächste …	*Où se trouve …*
Telefonzelle /	*la cabine téléphonique /*
Bank /	*la banque /*
Post /	*le bureau de poste /*
Polizei /	*le station de police/*
Geldautomat?	*le distributeur de billets la (le) plus proche?*
Wo ist …	*Où se trouve …*
der Bahnhof /	*la gare /*
die U-Bahn /	*le métro /*
der Flughafen?	*l'aéroport?*
Wo finde ich …	*Où se trouve …*
eine Bäckerei /	*une boulangerie /*
ein Fotogeschäft /	*un magasin photographiques/*
ein Kaufhaus /	*un grand magasin /*
ein Lebensmittelgeschäft /	*une épicerie /*
einen Markt?	*un marché?*
Ist das der Weg / die Straße nach …?	*Est-ce que le chemin / la route / la rue pour …?*
Gibt es einen anderen Weg?	*Y a-t-il un autre chemin?*
Ich möchte mit dem Zug / Schiff / Fähre /Flugzeug nach … fahren.	*Je voudrais prendre le train / le bateau / le ferry-boat / l'avion pour …*
Ist der Preis für Hin- und Rückfahrt?	*Est-ce que le prix aller-retour?*
Wie lange gilt das Ticket?	*Pour combien de temps le ticket sera valide?*
Wo ist das Fremdenverkehrsamt /	*Où se trouve l'Office de Tourisme/*
Reisebüro?	*l'agence de voyages?*
Man hat mir …	*On m'a volé …*
Geld /	*de l'argent /*
meine Tasche /	*mon sac /*
meine Papiere /	*mes papiers /*
die Schlüssel /	*les clés /*
meinen Fotoapparat /	*mon appareil photo /*
meinen Koffer /	*ma valise/*
mein Fahrrad gestohlen.	*ma bicyclette.*
Ich möchte eine Anzeige erstatten.	*Je voudrais déposer une plainte.*
Ich habe meinen Koffer verloren.	*J'ai perdu ma valise.*
Wo kann ich mein Gepäck lassen?	*Où puis-je laisser mes bagages?*
Ich benötige eine Hotelunterkunft.	*J'ai besoin d'un hôtel.*

Freizeit

Ich möchte ein …	*Je voudrais louer …*
Fahrrad /	*une bicyclette /*
Motorrad /	*une moto /*
Surfbrett /	*une planche à voile /*
Mountainbike / Boot /	*un v.t.t. / un bateau /*
Pferd mieten.	*un cheval.*
Gibt es ein(en)	*Y a-t-il …*
Freizeitpark /	*un parc d'attractions /*
Freibad /	*une piscine /*
Golfplatz /	*un terrain de golf /*
Strand in der Nähe?	*la plage près d'ici?*
Wann hat … geöffnet?	*Quelles sont les horaires d'ouverture …?*

Bank, Post, Telefon

Ich möchte Geld abheben.	*Je voudrais retirer de l'argent.*
Brauchen Sie meinen Ausweis?	*Avez-vous besoin de ma carte d'identité?*

Hinweise zur Aussprache

ai	wie ›ä‹, Bsp.: l**ai**t
au	wie ›o‹, Bsp.: **au**to, g**au**che
eu	wie ›ö‹, Bsp.: p**eu**, d**eu**x
ou	wie ›u‹, Bsp.: r**ou**ge
ue	wie ›ü‹, Bsp.: r**ue**, aven**ue**
c	vor ›e‹ und ›i‹ wie ›s‹, Bsp.: **c**e, **c**ide
c	vor ›a‹ und ›o‹ wie ›k‹, Bsp.: **c**abinet, **c**ompagnie
ch	wie ›sch‹ Bsp.: **ch**ips
h	am Wortanfang ist immer stumm, Bsp.: **h**ommage
g	vor ›e‹ und ›i‹ wie ›dsch‹, Bsp.: **g**entile, **g**ilet
gn	wie ›nj‹, Bsp.: co**gn**ac, a**gn**eau
p, s, t	sind am Wortende meist stumm, Bsp.: tro**p**, trè**s**, mo**t**
-tion	bei dieser Silbe wird das ›t‹ wie ›s‹ gesprochen, Bsp.: na**tion**
q, qu	wie ›k‹, Bsp.: co**q**, **qu**i
v	wie ›w‹, Bsp.: **v**ie
z	wie ›s‹, Bsp.: **z**éro

Wo soll ich unterschreiben?	*Où dois-je signer?*
Ich möchte eine Telefonverbindung nach …	*Je voudrais une communication avec …*
Wie lautet die Vorwahl für …?	*Quel est le préfixe pour …?*
Wo gibt es … Telefonkarten / Briefmarken?	*Où peut-on trouver … des cartes téléphoniques / des timbres?*

Tankstelle

Wo ist die nächste Tankstelle?	*Où est-ce que la station d'essence la plus proche?*
Ich möchte … Liter … Super / Diesel bleifrei.	*Je voudrais … litres … de super / gasoil sans plomb.*
Volltanken, bitte.	*Faites le plein, s'il vous plaît.*
Prüfen Sie bitte …	*Vèrifiez, s'il vous plaît, …*
den Reifendruck /	*la pression de gonflage /*
den Ölstand /	*le niveau d'huile /*
den Wasserstand /	*le niveau d'eau /*
das Wasser für die Scheibenwischanlage /	*l'eau pour le système essuieglaces /*
die Batterie.	*la batterie.*
Würden Sie bitte …	*Pourriez-vous, s'il vous plaît, …*
den Ölwechsel vornehmen /	*faire la vidange d'huile /*
den Radwechsel vornehmen /	*effectuer le changement de roue(s) /*
die Sicherung austauschen /	*échanger le fusible /*
die Zündkerzen erneuern /	*échanger les bougies /*
die Zündung nachstellen?	*régler l'allumage?*

Panne

Ich habe eine Panne.	*Je suis en panne.*
Der Motor startet nicht.	*Le moteur ne démarre pas.*
Ich habe die Schlüssel im Wagen gelassen.	*J'ai laissé les clés dans la voiture.*
Ich habe kein Benzin / Diesel.	*Je n'ai plus d'essence / de diesel.*
Gibt es hier in der Nähe eine Werkstatt?	*Est-ce qu'il y a un garage près d'ici?*
Können Sie mein Auto abschleppen?	*Pourriez-vous remorquer ma voiture?*
Können Sie mir einen Abschleppwagen schicken?	*Est-ce que vous pouvez m'envoyer une dépanneuse?*
Können Sie den Wagen reparieren?	*Pouvez-vous réparer la voiture?*
Wann wird er fertig sein?	*Quand sera-t-elle prête?*

Mietwagen

Ich möchte ein Auto mieten.	*Je voudrais louer une voiture.*
Was kostet die Miete …	*Combien coûte la location …*
pro Tag /	*par jour /*
pro Woche /	*par semaine /*
mit unbegrenzter km-Zahl /	*avec kilométrage illimité /*
mit Kaskoversicherung /	*avec assurance tous risques /*
mit Kaution?	*avec la caution?*
Wo kann ich den Wagen zurückgeben?	*Où puis-je rendre le véhicule?*

Unfall

Hilfe!	*Au secours!*
Achtung! / Vorsicht!	*Attention!*
Bitte rufen Sie schnell …	*S'il vous plaît, appelez vite …*
einen Krankenwagen /	*une ambulance /*
die Polizei /	*la police /*
die Feuerwehr.	*les sapeurs-pompiers.*
Es ist (nicht) meine Schuld.	*C'est (ce n'est pas) de ma faute.*
Geben Sie mir bitte Ihren Namen und Ihre Adresse.	*Veuillez me donner votre nom et adresse, s'il vous plaît.*
Ich brauche die Angaben zu Ihrer Autoversicherung.	*J'aurais besoin des données de votre assurance automobile.*

Krankheit

Können Sie mir einen guten Deutsch sprechenden Arzt / Zahnarzt empfehlen?	*Pourriez-vous me conseiller un bon médecin / dentiste qui parle allemand?*
Wann hat er Sprechstunde?	*Quelles sont ses heures de consultation?*
Wo ist die nächste Apotheke?	*Où est-ce que la pharmacie la plus proche?*
Ich brauche ein Mittel gegen …	*J'aurais besoin d'un médicament contre …*
Durchfall /	*la diarrhée /*
Fieber /	*la fièvre /*
Insektenstiche /	*les piqûres d'insecte /*

Verstopfung / Zahnschmerzen.	*la constipation / le mal de dents.*

Im Hotel

Ich habe bei Ihnen ein Zimmer reserviert.	*J'ai réservé une chambre chez vous.*
Haben Sie ein …	*Auriez-vous …*
Einzel- / Doppelzimmer …	*une chambre à un lit / une chambre à deux lits*
mit Dusche / mit Bad / WC?	*avec douche / avec salle de bains / WC?*
für eine Nacht / für eine Woche?	*pour une nuit / pour une semaine /*
mit Blick aufs Meer?	*avec vue sur la mer?*
Was kostet das Zimmer …	*Combien coûte la chambre …*
mit Frühstück / mit Halbpension / mit Vollpension?	*avec petit-déjeuner / avec demi-pension / avec pension compléte?*
Wie lange gibt es Frühstück?	*Jusqu'à quelle heure peut-on prendre le petit-déjeuner?*
Ich möchte um … Uhr geweckt werden.	*Je voudrais qu'on me réveille à … heure(s).*
Ich reise heute Abend / morgen früh ab.	*Je pars ce soir / demain matin.*
Haben Sie ein Faxgerät / einen Hotelsafe?	*Avez-vous un fax / un coffre-fort?*

Im Restaurant

Wo gibt es ein gutes / günstiges Restaurant?	*Pourriez-vous m'indiquer un bon restaurant/un restaurant pas trop cher?*
Die Speisekarte / Getränkekarte, bitte.	*Je voudrais la carte / la carte des boissons, s'il vous plaît.*
Ich möchte das Tagesgericht / Menü (zu…)	*Je voudrais le plat du jour/le menu (à …).*
Welches Gericht können Sie besonders empfehlen?	*Quel plat pourriez-vous recommander particuliérment?*
Ich möchte nur eine Kleinigkeit essen.	*Je voudrais manger qu'un petit quelque chose.*
Haben Sie vegetarische Gerichte?	*Avez-vous des plats végétariens?*
Können Sie mir bitte …	*Pourriez-vous m'apporter …*
ein Messer / eine Gabel / einen Löffel bringen?	*un couteau / une fourchette / une cuillère, s'il vous plaît?*
Darf man hier rauchen?	*Peut-on fumer ici?*
Die Rechnung, bitte!	*L'addition, s'il vous plaît!*

Essen und Trinken

Abendessen	*dîner*
Apfel	*pomme*
Artischocke	*artichaut*
Austern	*huîtres*
Bier	*bière*
Brot / Brötchen	*pain/petit pain*
Butter	*beurre*
Ei	*œuf*
Eiskrem	*glace*
Erdbeeren	*fraises*
Essig	*vinaigre*
Fisch	*poisson*
Flasche	*bouteille*
Fleisch	*viande*
Fruchtsaft	*jus de fruits*
Frühstück	*petit-déjeuner*
Gemüse	*légume*
Glas	*verre*
Hammelfleisch	*mouton*
Hummer	*homard*
Joghurt	*yaourt*
Kaffee mit Milch	*café au lait*
Kaffee, schwarzer	*café noir*
Kalbfleisch	*veau*
Kartoffeln	*pommes de terre*
Käse	*fromage*
Krabben, Garnelen	*crevettes*
Kuchen	*gâteau*
Lammfleisch	*agneau*
Leber	*foie*
Leberpastete	*pâte de foie*
Meeresfrüchte	*fruits de mer*
Milch	*lait*
Mineralwasser (mit / ohne Kohlensäure)	*l'eau minérale (gazeuse / non gazeuse)*
Mittagessen	*déjeuner*
Nudeln	*nouilles, pâtes*
Obst	*fruits*
Öl	*huile*
Pfeffer	*poivre*
Reis	*riz*
Rindfleisch	*bœuf*
Salz	*sel*
Schinken	*jambon*
Schweinefleisch	*porc*
Spinat	*épinards*
Suppe	*soupe*
Tomaten	*tomates*
Wein (Weiß / Rot / Rosé)	*vin … (blanc / rouge / rosé)*
Zucker	*sucre*
Zwiebeln	*oignons*

Register

A

Aemilianus 76 f.
Ainhoa 121
Aix 48 f.
Alarich II. 12
Aliénor d'Aquitaine 12, 19, 36, 53, 55, 65, 72, 79, 109
Amundsen, Roald 98
Andernos-les-Bains 90
André, Jean 69
Anglet 112
Aquitanien 9, 12, 13, 15, 18, 58, 65, 125, 133
Arcachon 10, 65, 89, **92 ff.**, 95, 130, 131, 132, 134, 135
Ars-en-Ré 7, **45**, 46
Ascain 120
Aulnay 8, 12, **46 ff.**, 49
Austernzucht 7, 9, 39, 41, 44, 45, 51, **52**, 53, 72, 89, 90, 91, 93, 129, 130, 133

B

Baie de Bourgneuf 24
Banc d'Arguin 89
Bas-Médoc 85 f.
Baskenland 10, 11, 12, 15, 88, **109–123**, 126, 129
Bassin d'Arcachon 9, **89–92**, 129, 132, 133
Bayonne 12, 14, 49, 103, 104, **109–112**, 121, 130, 131
Cathédrale Ste-Marie 110 f.
Château-Neuf 112
Château-Vieux 111
Citadelle 110
Jardin Botanique 111
Hôtel de Ville 110
Musée Basque 111
Musée Bonnat 111
Praktische Hinweise 112
Rue du Port-Neuf 110
Bernhardt, Sarah 122
Berry, Marie-Caroline de 81
Biarritz 10, 109, **112–116**, 127, 130, 131, 132, 133, 135
Atelier Musée du Chocolat 114
Boulevard du Maréchal Leclerc 114
Grande Plage 113
Hôtel du Palais 113
Le Casino 114
Musée de la Mer 114
Musée Historique de Biarritz 114
Phare de la Pointe St-Martin 113
Plage de la Côte des Basques 115
Plage du Port-Vieux 115
Plage Miramar 113
Plateau d'Atalaye 114
Port des Pêcheurs 114
Praktische Hinweise 115 f.
Rocher de la Vierge 114
St-Alexandre-Newsky 114
Vieux Biarritz 114
Biganos 90
Biscarrosse 97 f., 130
Blaye 14, **81 f.**, 86, 131
Bois de la Chaize **26**, 27
Bonnet, Léon 111
Borda, Jean-Charles de 106
Bordelais 6, 8, 15, 65, 86, 125
Bordeaux 9, 11, 12, 13, 14, 15, 49, 58, **65–76**, 78, 81, 82, 97, 127, 131, 133, 135
Basilique St-Michel 15, **72**
Casa de Goya 69
Cathédrale St-André 15, **72 f.**
Centre d'Art Contemporain 75
Cité Mondiale du Vin 75
Croiseur Colbert 75
Église Notre-Dame 69
Église St-Pierre 70 f.
Esplanade des Quinconces 68 f.
Grand Théâtre 70
Grosse Cloche 72
Hôtel de Ville 73
Hôtel des Douanes 70
Jardin Botanique 75
Jardin Public 75
La Flêche 72
Marché des Grands Hommes 69
Monument des Girondins 69
Musée d'Aquitaine 72
Musée d'Histoire Naturelle 75
Musée des Arts Décoratifs 73
Musée des Beaux-Arts 73
Musée des Chartrons 75
Musée National des Douanes 70
Palais de la Bourse 70
Place de la Bourse 70
Place de la Comédie 70
Place du Parlement 70
Pont de Pierre 71
Port de la Lune 65
Porte Cailhou 71
Porte de Bourgogne 71
Praktische Hinweise 75 f.
Quartier des Chartrons 73 f.
Quartier St-Michel 72
Rue de la Rousselle 71
Rue Ste-Catherine 72
Tour Pey-Berland 72
Triangle d'Or 69
Boyardville 54
Brauner, Victor 31
Brémontier, Nicolas 101
Brouage 14, **51 f.**

C

Cadillac 80 f.
Caesar, Gaius Julius 12, 18
Calvin, Johannes 13
Cambo-les-Bains 121 f.
Cap Ferret **89 f.**, 92, 95
Capbreton 97, **105**, **130**
Castillon-la-Bataille 13
Chaban-Delmas, Jacques 68
Chagall, Marc 85
Chaisac, Gaston 31
Champlain, Samuel de 52
Charente-Maritime 6, **39–63**, 126, 133
Charles IV., König 13
Charles VII., König 13, 18, 68
Charles VIII., König 71
Charles X., König 42
Château d'Oléron 14, 39, **53**, 55, 130
Château de La Brède 9, 14, 65, **80**
Château du Cos d'Estournel 11, 85
Château La Roche-Courbon 50
Château Lanessan 84
Château Maucaillou 82
Château Mouton-Rothschild 84 f.
Chlodwig I. 12
Ciboure 109, **118**, 131
Clémenceau, Georges 34
Cognac 8, 10, 39, **62 f.**, 131, 133, 134
Cognacq, Ernest 44
Colbert, Jean Baptiste 49
Contis 99
Corniche Basque 119
Côte d'Argent 11, 65, **88 f.**, 131, 132, 134
Côte de Lumière 18
Coulon 36 f.
Courant d'Huchet 102
Course landaise **104**, 106, 130
Coutanceau, Richard 43
Crassus, Marcus Linicius 12
Créon 79

D

d'Abbadie, Antoine 119
d'Annunzio, Gabriele 103, 122
d'Estournel, Louis Gaspard 85
Dagobert I., König 12
Dalí, Salvador 85
Danton, Georges 67
Dax 8, 12, 97, 101, 104, **105 ff.**, 130
Delbos, Jean 84
Dune du Pilat 3, 10, 65, 90, **94 f.**, 132
Dupré de Saint-Maur, Nicolas François 67

E

Edward III. 13
Entre-Deux-Mers 65, **78 f.**, 86
Épesses 22
Esnandes 35
Espelette **121**, 128, 130
Étang d'Aureilhan 99
Étang d'Hourtin-Carcans 10
Étang de Cazaux et Sanguinet 97
Étang de Lacanau **88**, 132
Étang de Léon 102 f.
Eugénie, Kaiserin 109, 113, 114

F

Facture 101
Farouk von Ägypten 113
Fernando VII., König 69
Fort Boyard 54
Fort Médoc 14
Fouras 48

Franco, Francisco 120
François I., König 8, 62
Fromentine 24, 29
Futuroscope 11, **22**

G

Gabriel, Jacques 70
Gabriel, Jacques-Ange 70
Garcia, Francis 76
Garnier, Charles 70
Garonne 65, 70 ff., **80 f.**
Gaulle, General Charles de 28
Goya, Francisco José de 69, 111
Grottes d'Isturits et d'Oxocelhaya 122
Guillaume VIII., Graf 12
Guiton, Jean 39
Gujan-Mestras **90 f.**, 92, 130

H

Hals, Frans 111
Haut-Médoc 82–85
Hendaye 119f., 130
Henry II., König 12
Henri IV., König 13, 14, 35, 39, 81
Hilarius, hl. 18, 21
Hitler, Adolf 120
Hoche, Lazare Louis 24
Hossegor 97, **103 ff.**, 130, 133
Hourtin 88
Hugenotten 13, 14, 33, 39, 46, 53

I

Île aux Oiseaux 89
Île d'Aix 8, 39, **48 f.**
Île de Ré 6, 7, 34, 39, **44 ff.**, 49, 133
Île de Noirmoutier 6, 18, **24–27**, 132, 133
Île d'Oléron 6, 7, 39, 49, 53–56, 133
Île d'Yeu 18, **27 ff.**
Ingrand, Max 72

J

Jakobspilger 12, 15, 18, 46, **49**, 79, 87, 98, 109, 122, 123
Jean de Berry 18
Jean le Bon 13
Jeanne d'Arc 13

K

Karl der Große 12, 122
Khan, Aga 114
Kiefernwald 6, 10, 14, 26, 48, 57, 65, 88, 89, 90, 97, 98, **101**, 102, 103, 132

L

L'Amélie-sur-Mer 87
L'Épine 26
L'Herbaudière **26**, 27
L'Herbe 90, 92
La Bréeles-Bains 54
La Cotinière 8, 55
La Couarde-sur-Mer 45
La Fayette, Marquis de la 50
La Flotte **45**, 46
La Fosse 29
La Frébouchère 34
La Guérinière 26
La Hume 91 f.
La Ménounière 55
La Palmyre 57
La Rochelle 2, 6, 9, 11, 13, 14, **39–43**, 44, 45, 49, 126, 130, 131, 132, 133, 135
  Aquarium 43
  Cathédrale St-Louis 42
  Grosse Horloge 41
  Hôtel de la Bourse 42
  Hôtel de Ville 41
  Maison Henri II. 42
  Marché 42
  Musée d'Histoire Naturelle 42
  Musée d'Orbigny-Bernon 42
  Musée des Beaux-Arts 42
  Musée du Nouveau Monde 42
  Musée du Flacon à Parfum 41
  Neptunea Musée Maritime de la Rochelle 43
  Palais de Justice 42
  Praktische Hinweise 43
  Tour de la Chaine 40
  Tour de la Lanterne 41
  Tour St-Nicolas 41
  Vieux Port 41
La Sauve Majeure 9, **79**
La Tranche-sur-Mer 6, **34**, 49, 130
Labastide-d'Armagnac 79, 97, **107**, 130
Labourd 120 f.
Labrède 80
Lac d'Hourtin et de Carcans 65, **88**, 132
Lacanau-Océan **88**, 89, 130, 133
Lacq 15, 133
Lafaille, Clément de 42
Lalande, Pierre de Raymond de 73
Lamarque 82, 86
Lanton 90
Le Bernard 34
Le Bois-Plage 45
Le Canon 90
Le Douhet 54
Le Grand Piquey 90
Le Gurp 88
Le Moutchic 88
Le Petit Piquey 90, 92
Lège 90
Les Landes **97–107**, 126, 129, 133
Les Portes 46
Les Sables d'Olonne 6, 18, **31 ff.**, 135
Libourne 79
Lilleau des Niges 46
Loix-en-Ré 45
Loti, Pierre 50, 55, 122
Louis, Victor 70
Louis Philippe, König 81
Louis VII., König 12, 36, 72
Louis XVI., König 14, 24, 27
Louis XIII., König 14, 39, 46
Louis XIV., König 14, 39, 49, 52, 57, 69, 110, 116, 118
Louis XV., König 70
Luçon 35

M

Macau 82
Maillezais 35, **36**, 37
Maillol, Aristide 20
Mancini, Maria 51 f.
Marais d'Olonne 33
Marais Poitevin 6, 18, **35 ff.**, 132, 134
Marat, Jean-Paul 67
Marennes 52 f., 133
Margarete von Valois 13
Margaux **82**, 87
Marguerite, Paul 103
Maria Theresa, Infantin 14, 52, 57, 116
Marquet, Albert 73
Marquèze 100
Martell, Karl 12, 18
Maubuisson 88
Mazarin, Kardinal Jules 51 f.
Médoc 8, 14, 65, **82–87**, 130, 131
Mérimée, Prosper 59
Meschers-sur-Gironde 58
Mimizan 97, **98 f.**, 101, 130
Moliets-Plage 102
Mont des Alouettes 23
Montaigne, Michel de 71
Montalivet-les-Bains 88
Montesquieu, Charles-Louis de Secondat, Baron de la Brède et de 14, 65, 67, **80**
Moulin de Vensac 86
Moulis 82

N

Napoleon I. Bonaparte 8, 14, 15, 39, 48, 67
Napoleon III., Kaiser 75, 86, 93, 109, 113, 114
Nieul-sur-l'Autise 35, **36**
Nogaret de Lavalette, Jean Louis de 81
Noirmoutier-en-l'Île 24, **25**, 27

P

Palissy, Bernard 60
Parc Naturel Régional des Landes de Gascogne 15, **99 f.**
Parc Ornithologique du Marais aux Oiseaux 55
Parc Ornithologique du Teich 90
Parentis 15, **98**, 133
Pauillac **84**, 86, 87, 129, 130
Pelote 10, 105, 106, **115**, 120, 130
Pertuis Breton 34 f.
Pétain, Henri Philippe 28
Petuaud-Letang, Michel 75
Phare de Cordouan **57**, 87
Phare de Richard 85
Philbert, Mönch 24
Philippe VI. von Valois 13

Picasso, Pablo 85
Picquigny, Friede von 13
Pius V., Papst 104
Plaisance 54
Plantagenêt, Henri 12, 65, 79, 109
Pointe de Grave 87
Pointe de l'Aiguillon 35
Poitiers 11, 12, 13, **18–22**, 49, 58, 127, 131, 133
Avenue Victor-Hugo 21
Baptistère St-Jean 12, **20**
Cathédrale St-Pierre 18, **19 f.**
Église Notre-Dame-la-Grande 18, **19**
Église St-Hilaire-le-Grand 18, **20 f.**
Église St-Porchaire 21 f.
Hôtel de Ville 21
Musée Rupert de Chièvres 21
Musée Ste-Croix 20
Palais de Justice 19
Praktische Hinweise 22
St-Jean-de-Montierneuf 18
Ste-Croix 18
Ste-Radegonde 18, **20**
Port de Lamarque 82
Port des Salines **55**, 56
Port-Joinville 28
Pouyalet 85
Pouzauges 23
Puy du Fou 22 ff., 131
Pyla-sur-Mer 134

R

Ravel, Maurice 103, 109, 118
Redon, Odilon 73
Rhune 109, **120 f.**
Richelieu, Kardinal Armand du Plessis de 14, 34, 39, 51, 53
Rivedoux-Plage **45**, 46
Rochefort 39, **49 ff.**, 51, 134
Roland 12, 122
Rostand, Edmond 121 f.
Rothschild, Philippe de 85
Route des Huîtres 53
Royan 15, **56 f.**, 87, 135
Rufus, Gaius Julius 59

S

Sabres 99, 100, 132
Saintes 8, 12, 39, 49, **58–61**, 134
Arc de Germanicus 12, **59**
Arènes Romaines 12, **61**
Cathédrale St-Pierre 60
Église St-Eutrope 61
Jardin Public 59
Musée Archéologique 59
Musée de l'Echevinage 60
Musée des Beaux-Arts 60
Musée Régional Dupuy-Mestreau 60f.
Praktische Hinweise 61
Ste-Marie-aux-Dames 59 f.
Salzgewinnung 24, 26, 27, 33, 44, 45, 51, 52, 53, 55, 133
Sauveterre-de-Guyenne 79
Simenon, Georges 43
Sinatra, Frank 113
Sion-sur-l'Océan 30
Soulac-sur-Mer 12, 49, **87**, 88
St-Christoly **85**, 87
St-Clément-des-Baleines 46
St-Denis-d'Oléron 54
St-Emilion 3, 9, 65, **76 ff.**, 86, 130
St-Estèphe **85**, 87
St-Georges-de-Didonne 56
St-Gilles-Croix-de-Vie 18, **29 f.**, 130, 133
St-Girons-Plage 97, **102**
St-Jean d'Angély 46 ff., 49
St-Jean-de-Luz 10, 14, 109, **116–119**, 128, 130, 131
St-Jean-de-Monts 29, **30**
St-Jean-Pied-de-Port 12, 49, 109, **122 f.**
St-Macaire 9, **81**
St-Martin-de-Ré 7, **44**, 46
St-Michel-en-l'Herm 35
St-Michel-Mont-Mercure 23
St-Pierre-d'Oléron **54**, 56
St-Porchaire 50
St-Sever 49
St-Trojan-les-Bains 55
St-Vincent-sur-Jard 34
St-Vivien-de-Médoc 86

T

Talmont-St-Hilaire **34**, 130
Tourny, Louis, Marquis de 67
Tucholsky, Kurt 109

V

Vauban, Sébastien le Prestre de 14, 44, 53, 81, 82, 110, 118, 122
Vendée 6, 11, 14, 15, **18–37**, 126, 127, 133
Vertheuil 82, **85**
Viaud, Julien 50
Vieux-Boucau-les-Bains 97, **103**, 104
Vieil 24
Viollet-le-Duc, Eugène-Emmanuel 119

W

Warhol, Andy 85
Weinbau 6, 8, 11, 13, 15, 39, 59, 62, **63**, 65, 67, 68, 72, 73, 75, 76, 80, 82, 84, 85, **86**, 130
Wellington, Arthur 14

Bildnachweis

Bilderberg, Hamburg: 47 (C. Boisvieux) – *Claude Bousquet, Savigny les Beaune:* 99, 101, 102, 103, 107, 111 oben, 122, 123 – *Hartmuth Friedrichsmeier, Hamburg:* 7 oben, 11 oben, 44, 51, 56, 69, 83 oben, 111 unten, 118, 134 (Th. Stankiewicz), 25 unten (Scope/Guy Thouvenin), 53 (Scope/Ph. Beuzen), 124 Mitte rechts (Jean-Luc Barde) – *Udo Haafke, Ratingen:* 63 – *IFA-Bilderteam, München:* 2, 41 unten (Haigh), 19, 21 (TPC), 20 (Steffens), 26/27, 28 (Thouvenin), 36/37 (Diaf), 43 (D. Eichler) – *laif, Köln:* 5 (2), 6/7, 7 unten, 8 (2), 9 (2), 10 (2), 25 oben, 29, 30, 31, 32 Mitte, 32 unten, 33, 35, 40 oben, 48, 50 (2), 57 (2), 58, 62, 64, 68 (2), 70, 71 (2), 72, 73, 74 (4), 77, 83 Mitte, 83 unten, 84, 85, 86, 88, 89, 90, 92, 94/95, 96, 98, 100, 104, 105, 106, 108, 114, 116, 119, 120, 121, 124 oben, 124 unten, 127, 128 unten, 132, 135 (Gernot Huber), 11 unten (Thomas Ebert), 22 (RNR), 76, 124 Mitte links, 128 oben (Conrad Piepenburg) – *Süddeutscher Verlag/Bilderdienst, München:* 13 (2), 14, 15 – *Martin Thomas, Aachen:* 16/17, 23, 32 oben, 34, 38, 42, 45, 54, 59, 60 (2), 61, 78, 80, 91 (2), 93, 115, 117

ADAC
reisemagazin
Reisen mit Lust und Laune.
ADAC reisemagazin
BODENSEE SPECIAL
MARTIN WALSER: Mein Bodensee
500 ADRESSEN: Kultur Kasinos Klasse Küche
ADAC reisemagazin
GARDASEE SPECIAL
Dolomiten Trentino Gardasee
VERONA, VINO UND VERDI
ADAC reisemagazin
ITALIEN DIE RIVIERA
RIVIERA, LIGURIEN, PIEMONT
Italiens schönste Winkel
NATURPARKS: DIE RÜCKKEHR DER WÖLFE
ADAC reisemagazin
KUBA
Im Rhythmus der Karibik
ADAC reisemagazin
MALLORCA
TRENDS & INFOS:
Mallorca zum Träumen
PROMIS ÜBER IHRE INSEL: PETER USTINOV CHRISTINE KAUFMANN
Die Reisemagazine vom ADAC gibt es für Städte, Länder und Regionen.
Alle zwei Monate neu.
ADAC reisemagazin
MEXIKO
Machos, Mythen und Magie
SCHAMANEN-KULT: DIE WUNDERHEILER VON CATEMACO-SEE
ADAC reisemagazin
SCHWEIZ
Gipfel-Treffen für Genießer
ADAC reisemagazin
TOSKANA
Bezaubernde Toskana
Grüne Hügel, weiße Villen, roter Wein
TREND-TIPS: HOBBY-FERIEN, URLAUB AUF DEM BAUERNHOF

In der ADAC-Reiseführer-Reihe sind erschienen:

Ägypten
Algarve
Amsterdam
Andalusien
Australien
Bali und Lombok
Barcelona
Berlin
Bodensee
Brandenburg
Brasilien
Bretagne
Budapest
Burgund
Costa Brava und Costa Daurada
Côte d'Azur
Dalmatien
Dänemark
Dominikanische Republik
Dresden
Elsass
Emilia Romagna
Florenz
Florida
Französische Atlantikküste
Fuerteventura
Gardasee
Golf von Neapel
Gran Canaria
Hamburg
Hongkong und Macau
Ibiza und Formentera
Irland
Israel
Istrien und Kvarner Golf
Italienische Adria
Italienische Riviera
Jamaika
Kalifornien
Kanada – Der Osten
Kanada – Der Westen
Karibik
Kenia
Kreta
Kuba
Kykladen
Lanzarote
London
Madeira
Mallorca
Malta
Marokko
Mauritius und Rodrigues
Mecklenburg-Vorpommern
Mexiko
München
Neuengland
Neuseeland
New York
Niederlande
Norwegen
Oberbayern
Österreich
Paris
Peloponnes
Piemont, Lombardei, Valle d'Aosta
Portugal
Prag
Provence
Rhodos
Rom
Rügen, Hiddensee, Stralsund
Salzburg
Sardinien
Schleswig-Holstein
Schottland
Schwarzwald
Schweden
Schweiz
Sizilien
Spanien
St. Petersburg
Südafrika
Südengland
Südtirol
Teneriffa
Tessin
Thailand
Toskana
Tunesien
Türkei-Südküste
Türkei-Westküste
Umbrien
Ungarn
USA-Südstaaten
USA-Südwest
Venedig
Venetien und Friaul
Wien
Zypern

Weitere Titel in Vorbereitung

Impressum

Umschlag-Vorderseite: Grande Dame – die Villa Belza wacht über die Plage de la Côte des Basques bei Biarritz
Foto: laif/Gernot Huber, Köln

Titelseite: Heute sind die Stelzenläufer der Landes immer obenauf, doch früher konnte man nur auf diese Art die Sümpfe durchqueren.
Foto: laif/Gernot Huber, Köln

Abbildungen: siehe Bildnachweis S. 142

Lektorat und Bildredaktion:
Elisabeth Adam
Aktualisierung: Thomas Paulsen
Gestaltung: Norbert Dinkel, München
Satz, Layout und Reproduktion:
vivaMedia GmbH, München
Karten: Mohrbach Kreative Kartographie, München
Druck, Bindung: Ebner & Spiegel, Ulm
Printed in Germany

ISBN 3-87003-934-5

Gedruckt auf chlorfrei gebleichtem Papier

3., neu bearbeitete Auflage 2003

Redaktion ADAC-Reiseführer:
ADAC Verlag GmbH, 81365 München,
E-Mail: verlag@adac.de

Die Daten und Fakten für dieses Werk wurden mit äußerster Sorgfalt recherchiert und geprüft. Da vor allem touristische Informationen häufig Veränderungen unterworfen sind, kann für die Richtigkeit der Angaben leider keine Gewähr übernommen werden. Die Redaktion ist für Hinweise und Verbesserungsvorschläge dankbar.